郝建文 编撰

戰國中山三器銘文圖像

張守中題

文物出版社

图书在版编目（CIP）数据

战国中山三器铭文图像 / 郝建文编撰. --北京：文物出版社，2021.12（2025.6重印）

ISBN 978－7－5010－7266－8

Ⅰ.①战… Ⅱ.①郝… Ⅲ.①战国铜器－金文－河北－图集 Ⅳ.①K877.32

中国版本图书馆 CIP 数据核字（2021）第 217179 号

zhànguó zhōngshān sānqì míngwén túxiàng

战国中山三器铭文图像

编　　撰：郝建文

书名题签：张守中

责任编辑：蔡　敏　崔叶舟

封面设计：程星涛

责任印制：王　芳

出版发行：文物出版社

社　　址：北京市东城区东直门内北小街 2 号楼

邮　　编：100007

网　　址：http:// www. wenwu. com

经　　销：新华书店

印　　刷：文物出版社印刷厂有限公司

开　　本：889mm×1194mm　1/12

印　　张：10

版　　次：2021 年 12 月第 1 版

印　　次：2025 年 6 月第 3 次印刷

书　　号：ISBN 978－7－5010－7266－8

定　　价：148.00 元

序

建文学弟日前来舍相告，其所编战国中山三器铭文图像业已完稿即将付梓，命我作序。回想一九七六年秋，我自山西调回河北未久，即由平山传来发现东周大墓出土众多重器的消息。其后，我曾有机会多次前往发掘工地协助工作，与中山三器结缘，并编撰《中山王嚳器文字编》于一九八一年出版问世。中山三器大鼎方壶圆壶均出自王嚳墓，三器铭文篇长字多，其中所反映的史料信息为中国古文献学、古文字学提供了重要的第一手新资料，受到学术界的高度关注，三器铭文制作精美，文字体势修长，笔画纤细挺秀，倍受书法艺术界同仁所青睐，然而因受多种条件的限制，往日所公布的三器铭文资料，只有拓本和摹本，而缺少铭文图像资料。今次河北博物院有郝建文研究员费两年时日，将三器铭文逐字拍照，辑成本集，弥补了铭文图像缺失的不足，铭文拍摄编辑成书个中艰辛不问可知，期盼本书能早日与读者见面。今年逢仰韶文化发现暨中国现代考古学诞生一百周年，第三届中国考古学大会日前在河南三门峡市召开，其间公布有「百年百大考古发现」，河北平山战国中山王墓荣占一席。长江后浪推前浪，对战国中山国文物的研究当更上层楼。

張守中 二〇二一年十月廿六日

目录

中山王𰯼鼎

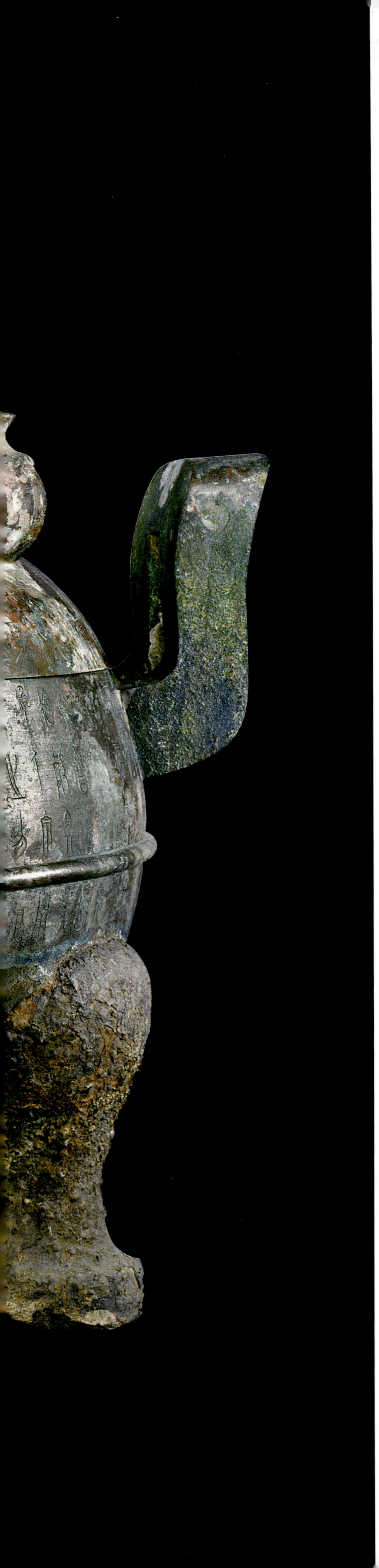

中山王嚳圆鼎

通高51.5、口径42、最大径65.8厘米，重60千克；刻铭469字，内有重文10字、合文2字。

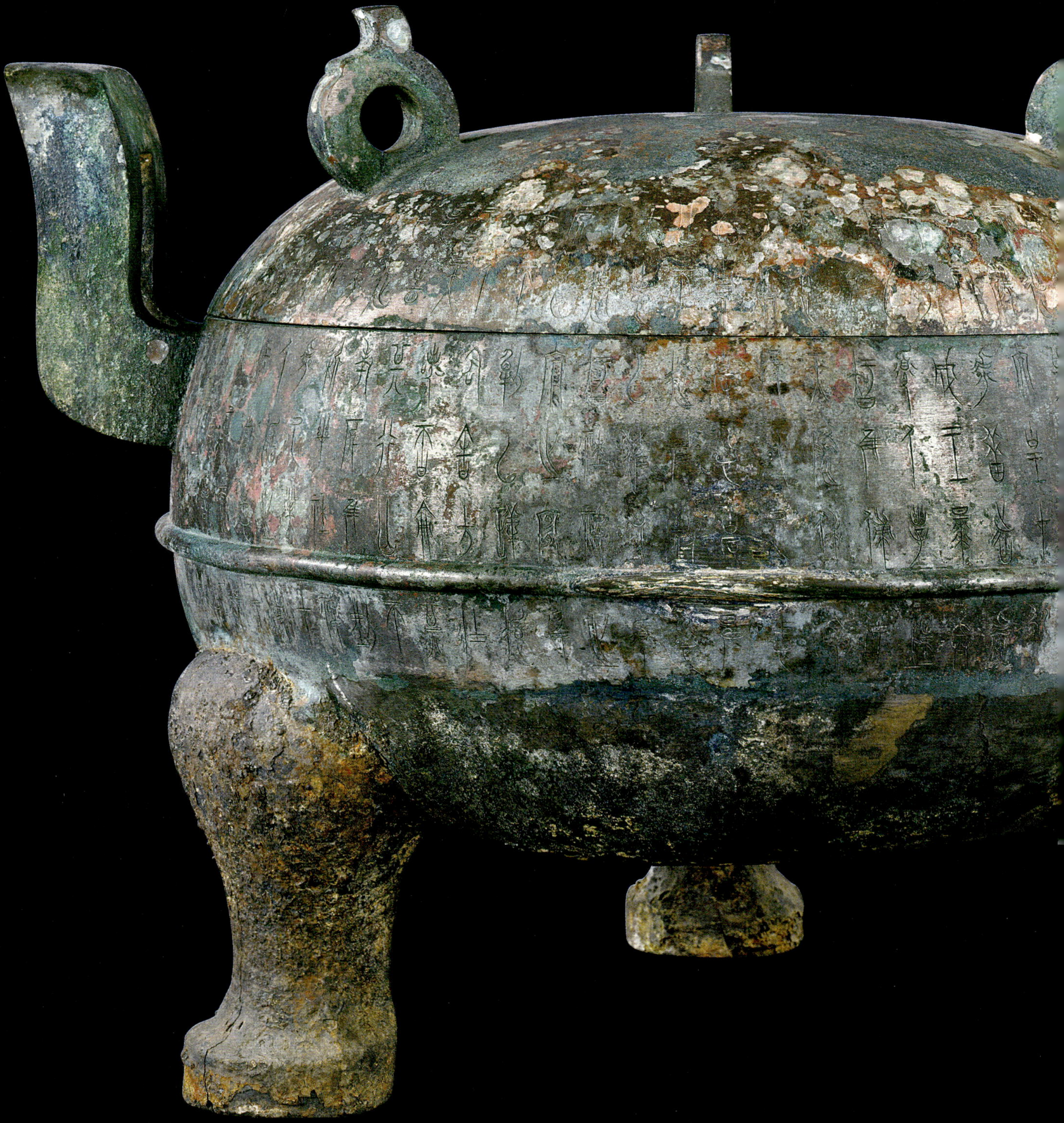

隹（惟）十三（四）年，中山王嚳詐（作）鼎于銘

隹

十

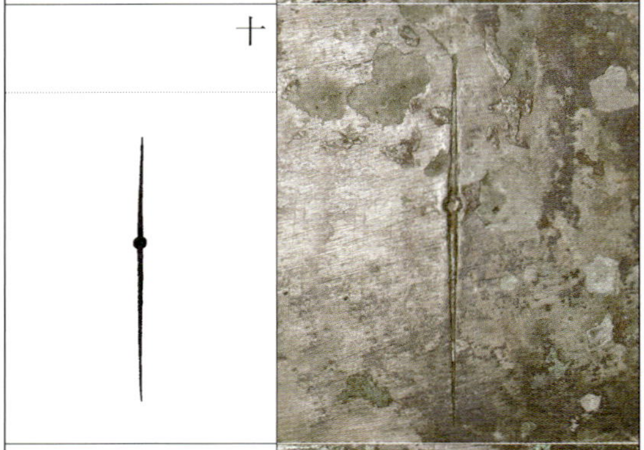

三

年

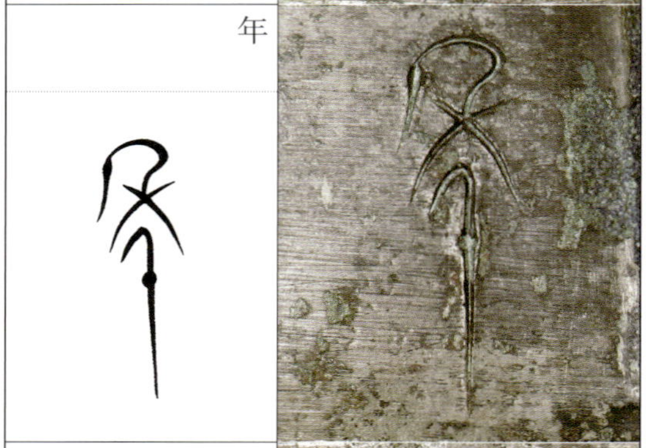

中

山

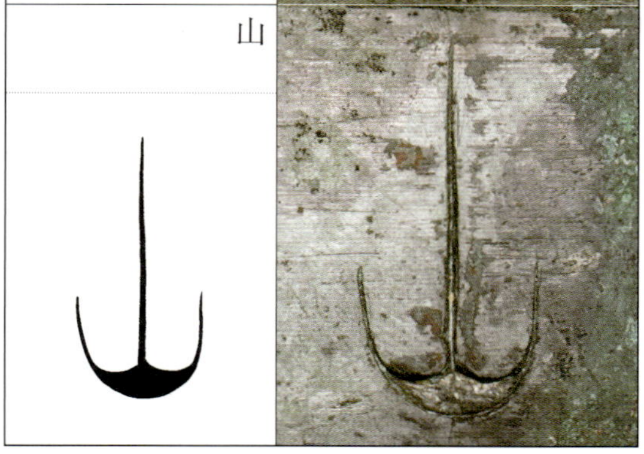

王

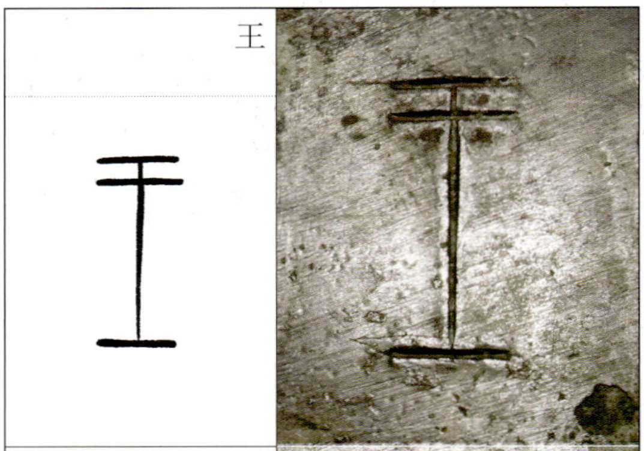

嚳

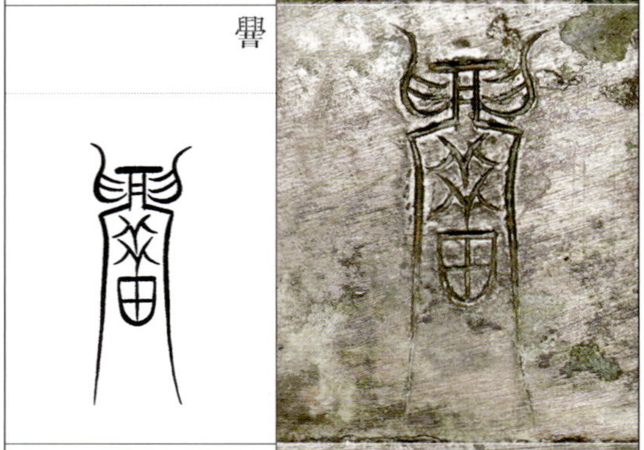

詐

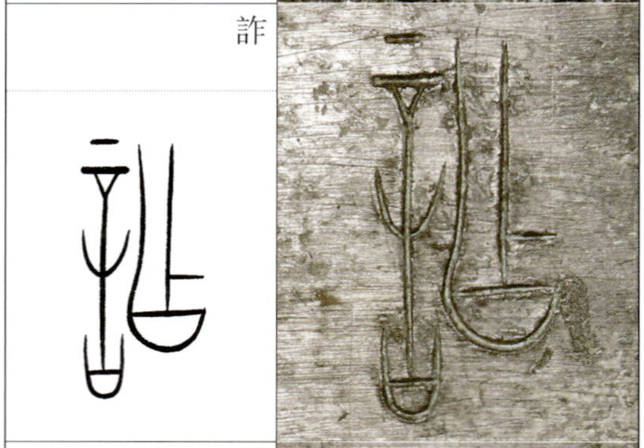

鼎

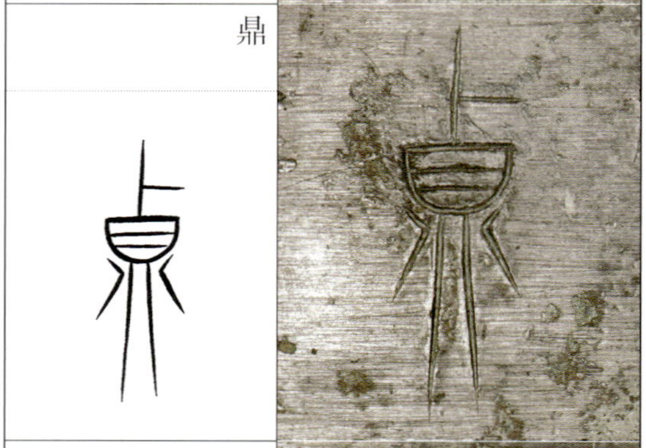

于

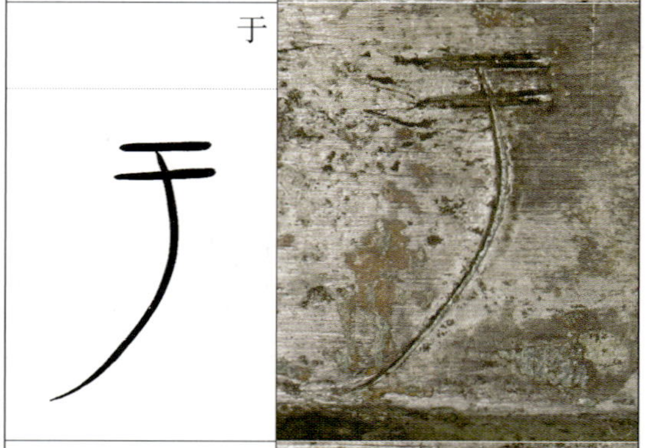

銘

曰：於（嗚）虖（呼）！語不𤼷（廢）𡥞（哉）！頁（寡）人䎽（聞）之，蒦

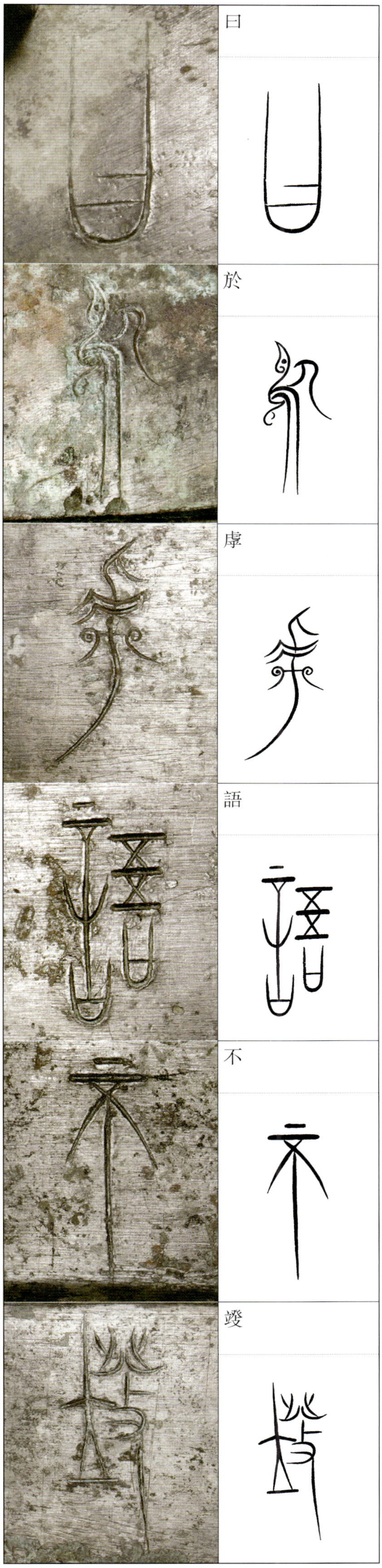

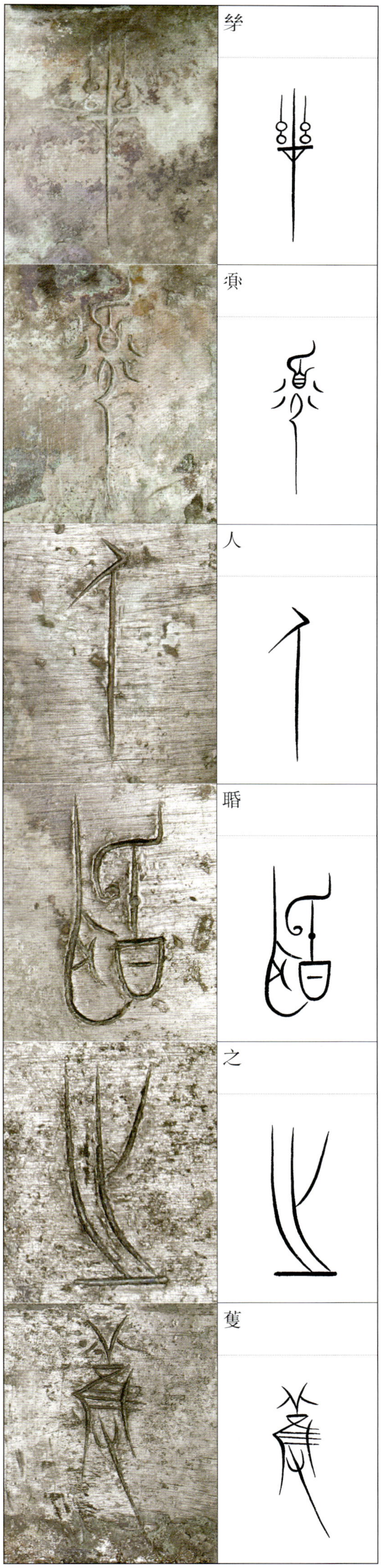

其汋（溺）於人施（也），寧汋（溺）於𣶒（淵）。昔者，郾（燕）

其

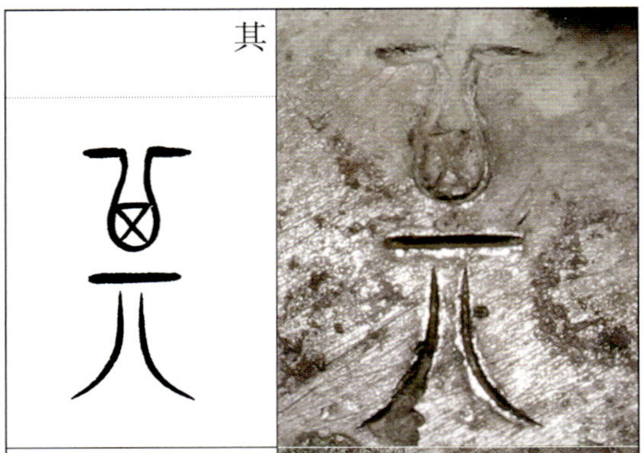

汋

於

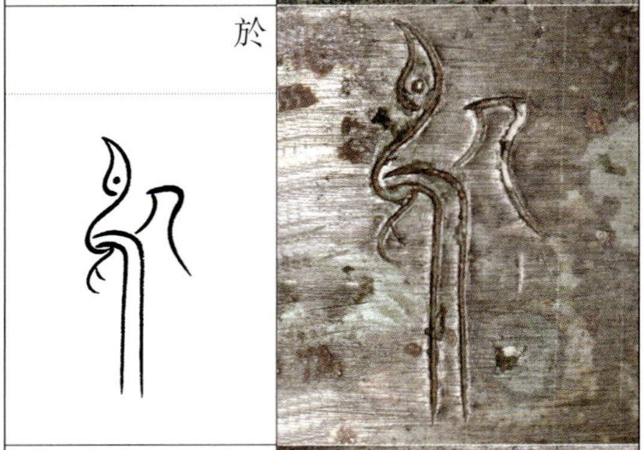

人

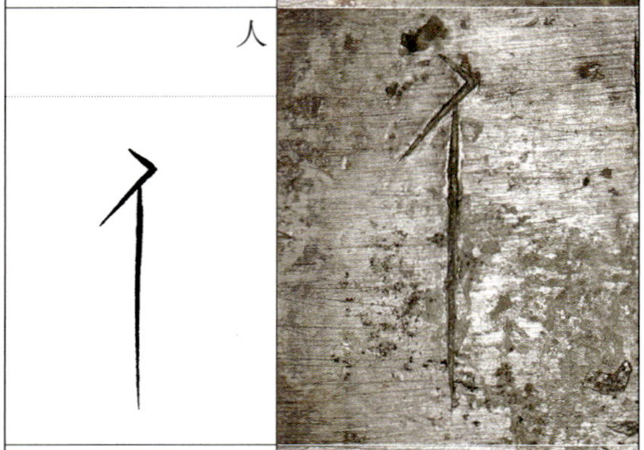

施

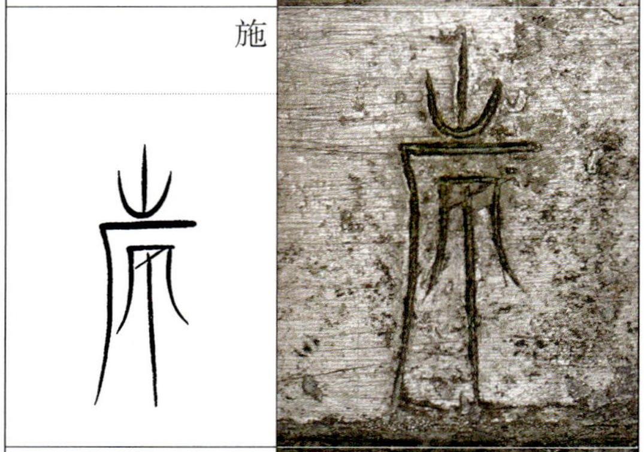

寧

汋

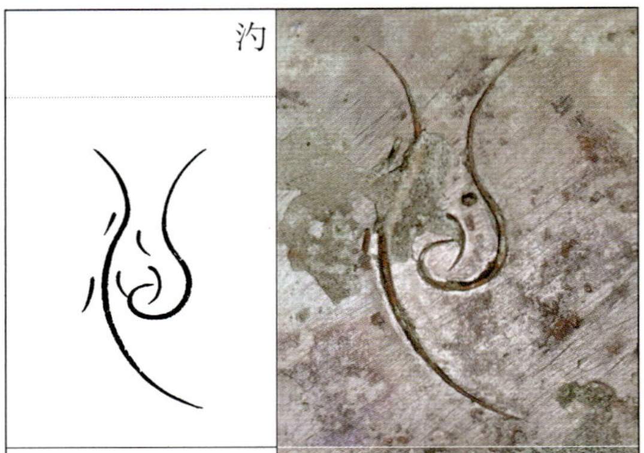

於

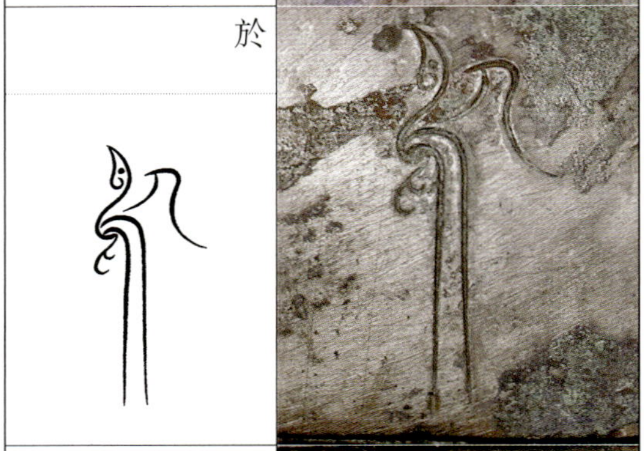

𣶒

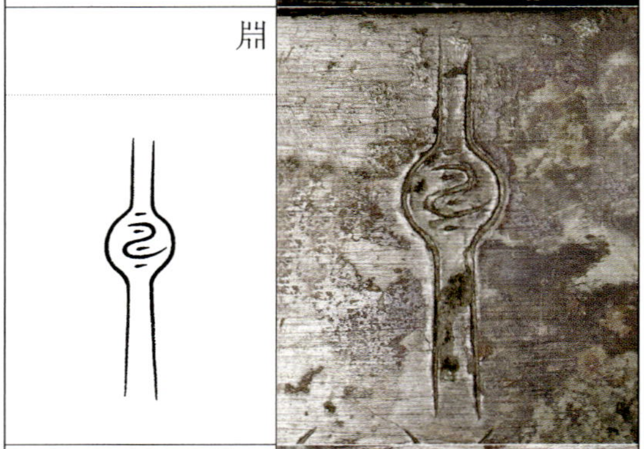

昔

者

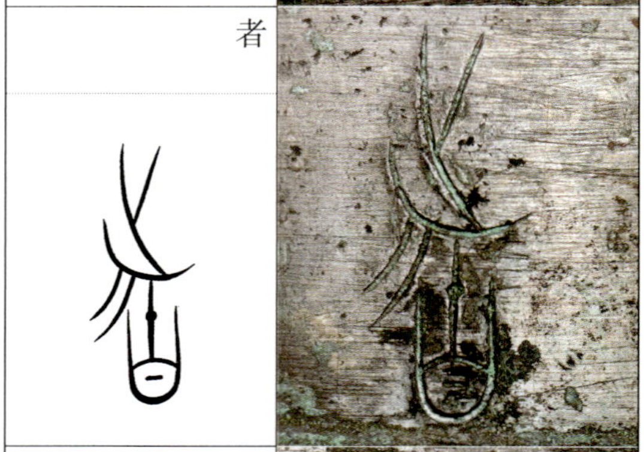

郾

君子儈（噲），覰（叡）弇夫⿰犭吾，⿰辰長（長）爲人宔（主），閈

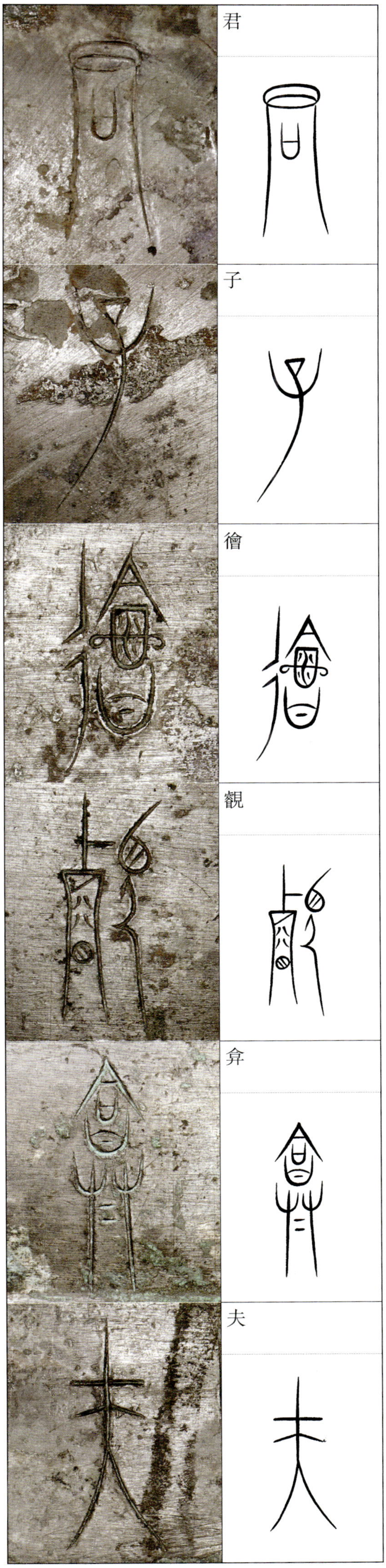

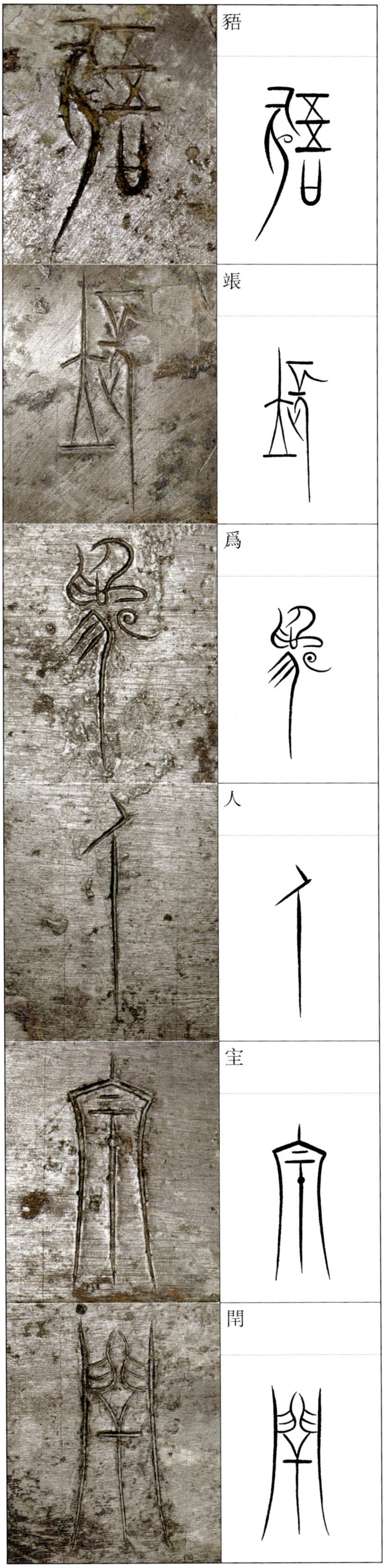

於天下之匆矣（疑），猷粯（迷）惑於子之，

於

天

下

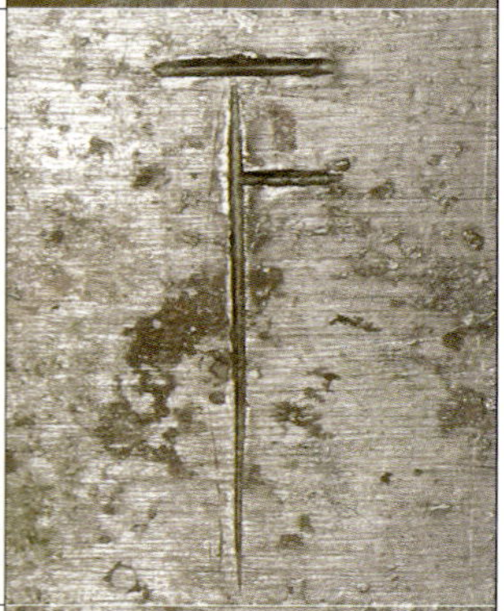

之

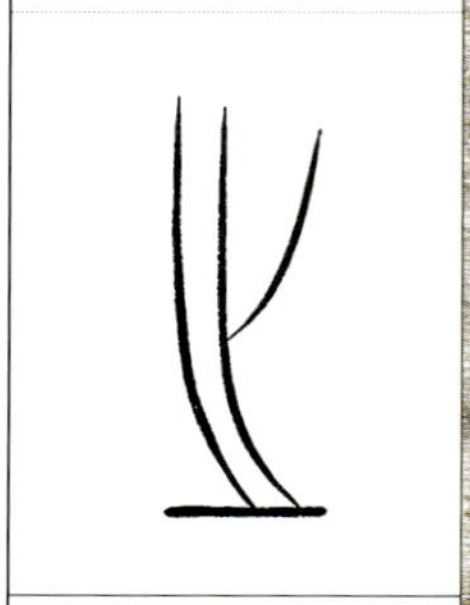

匆

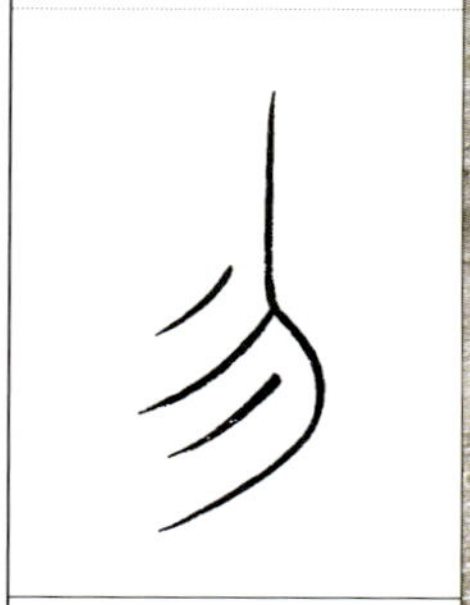
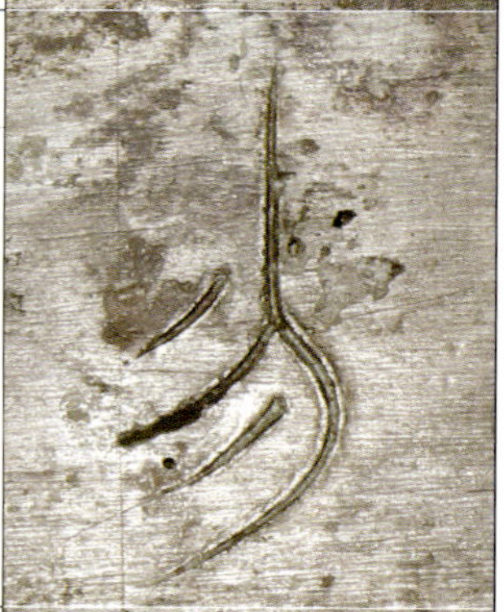

矣

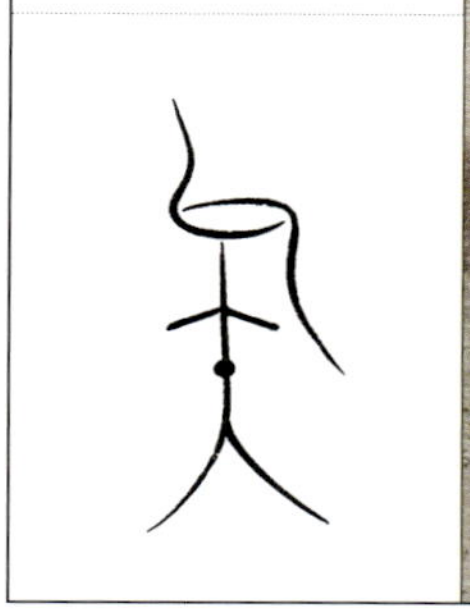

猷

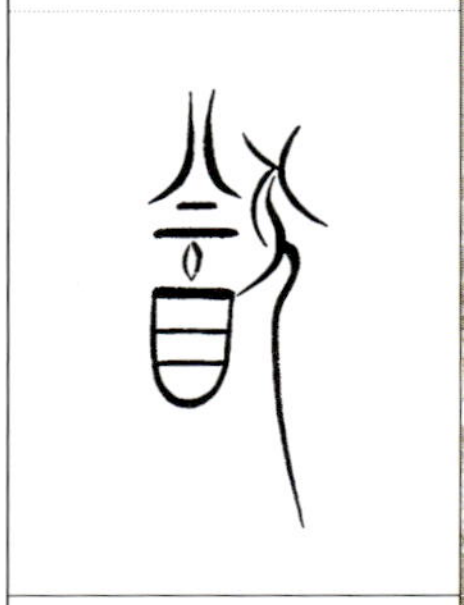

粯

惑

於

子

之

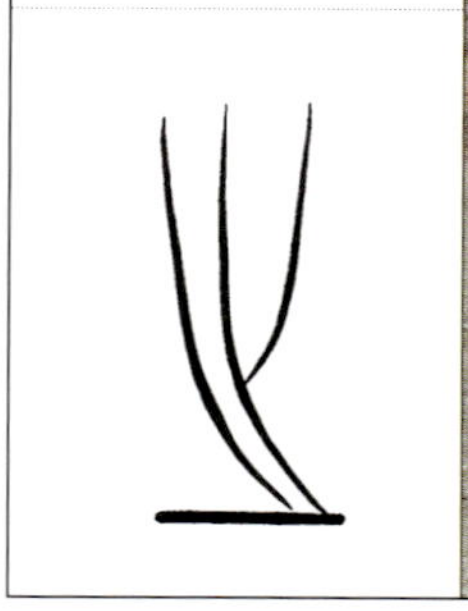
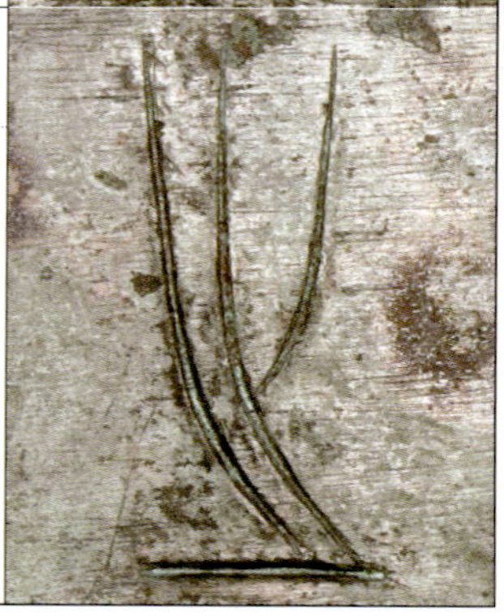

而亡（亡）其邦，爲天下⿰歹翏（戮），而皇（況）才（在）於

而

亡

其

邦

爲

天

下

⿰歹翏

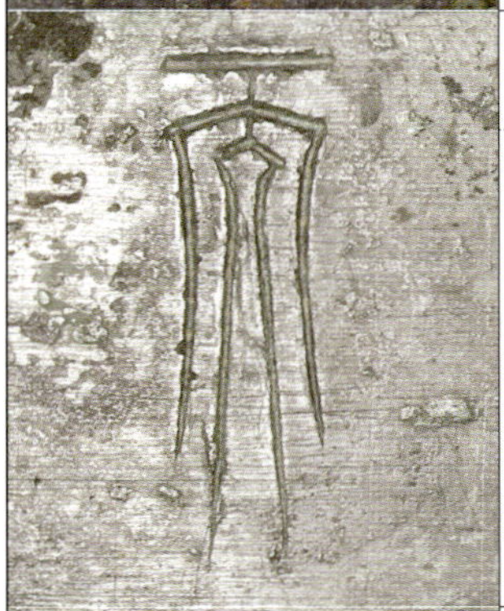
而
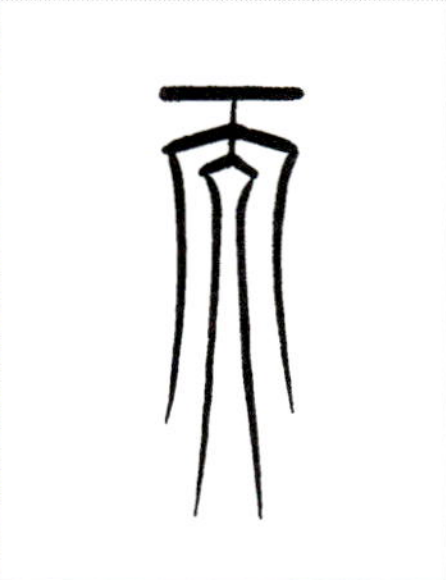

皇

才

於

尐（少）君虖（呼）？昔者虘（吾）先考成王，曓（早）棄

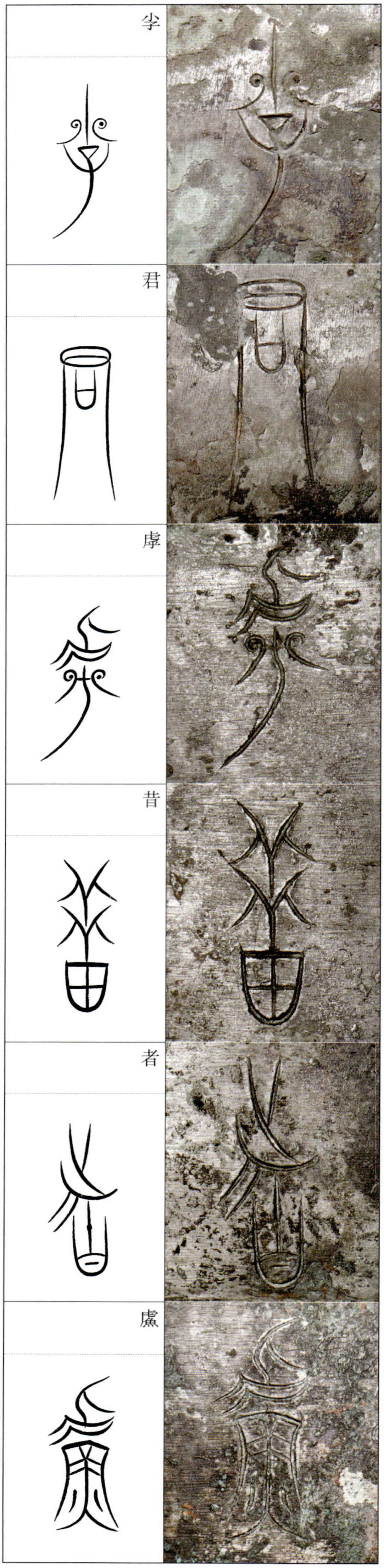

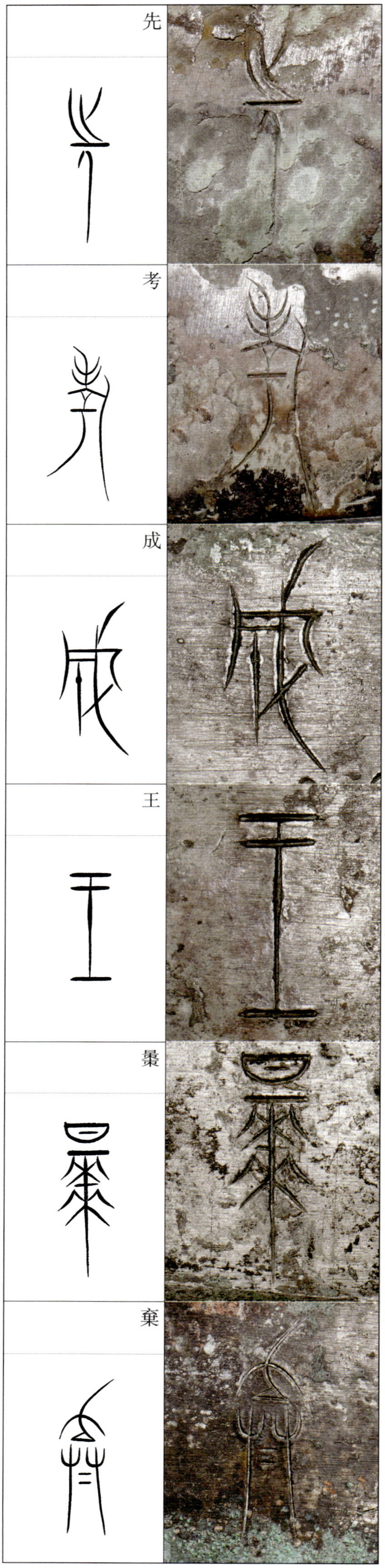

羣臣，頁（寡）人學（幼）潼（童）未甬（通）智，隹（惟）俌（傅）㑄（姆）

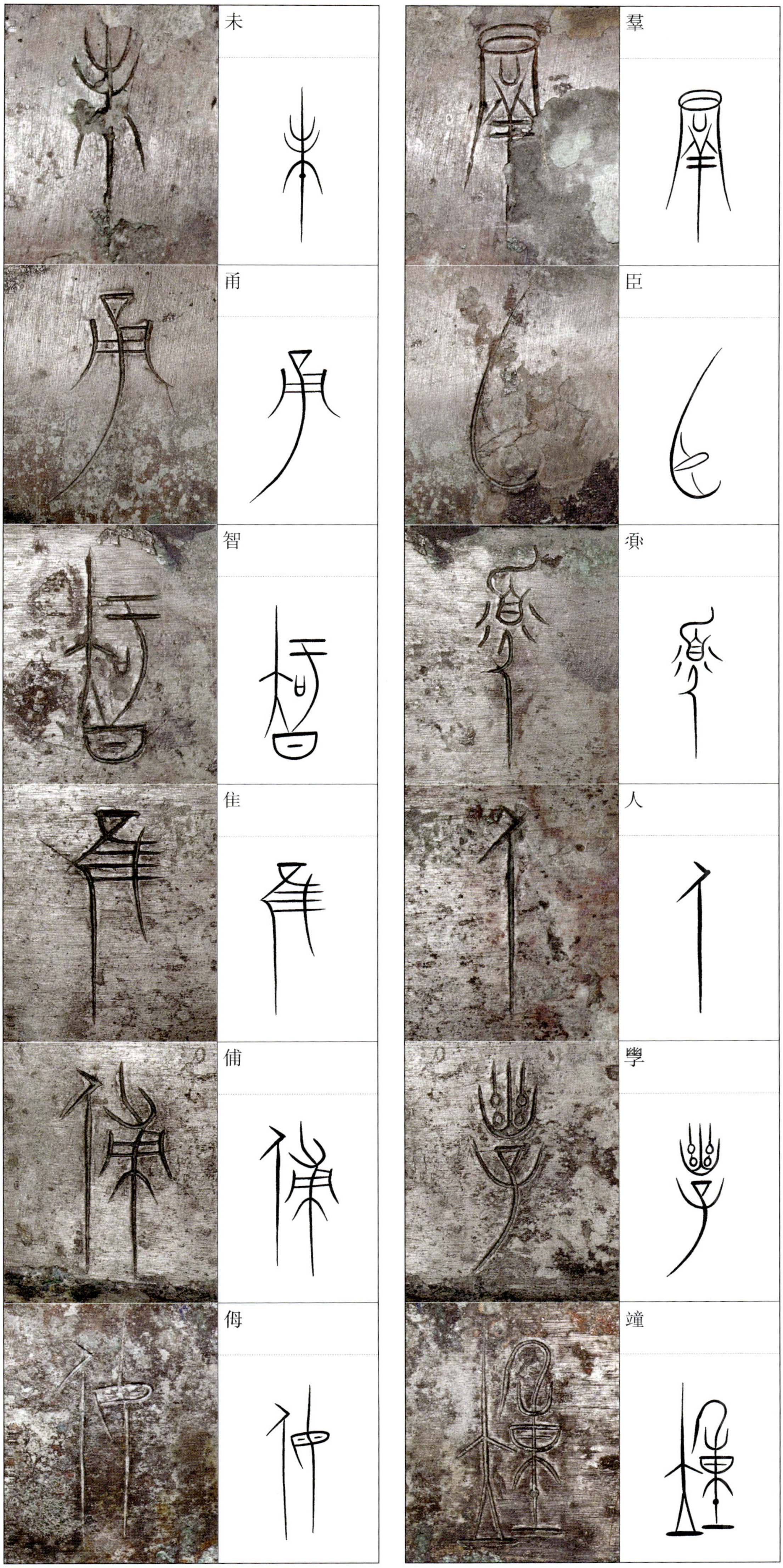

氏（是）从（從）。天隆（降）休命于朕邦，又（有）氒（厥）忠

氏

从
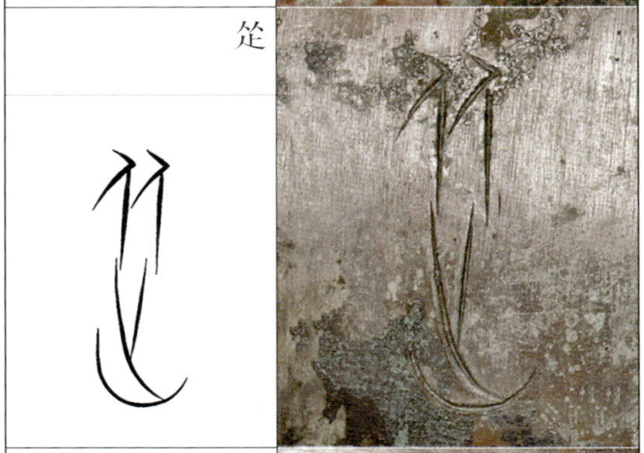

天

隆

休
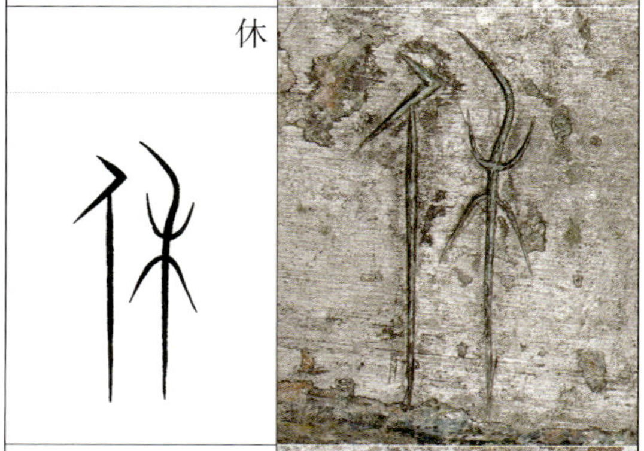

命
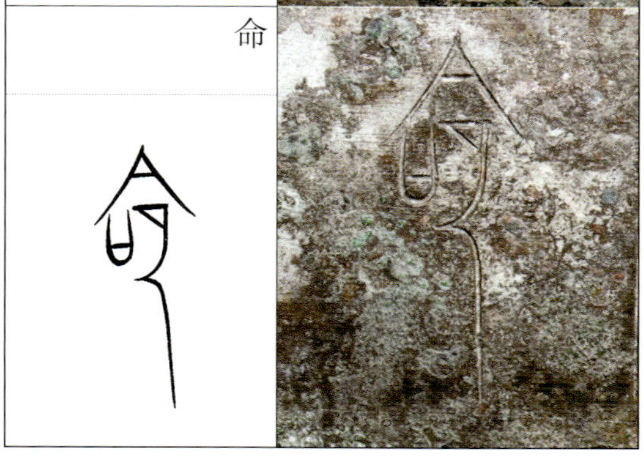

于
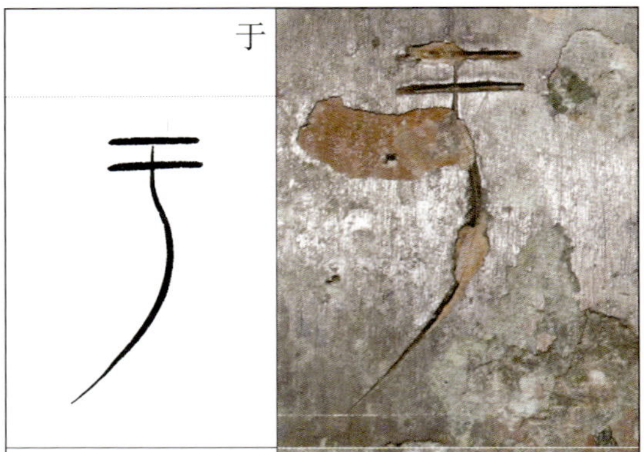

朕
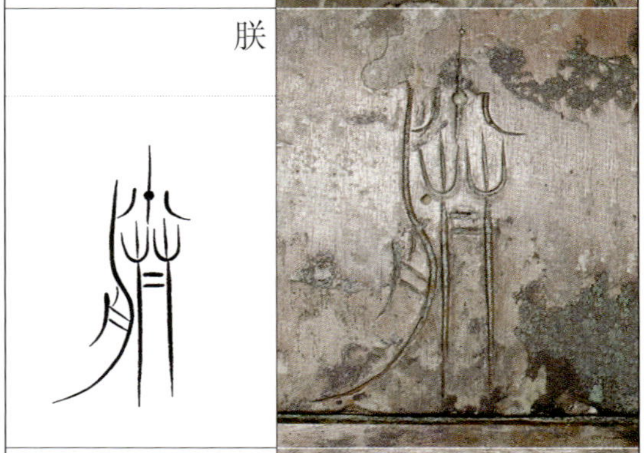

邦
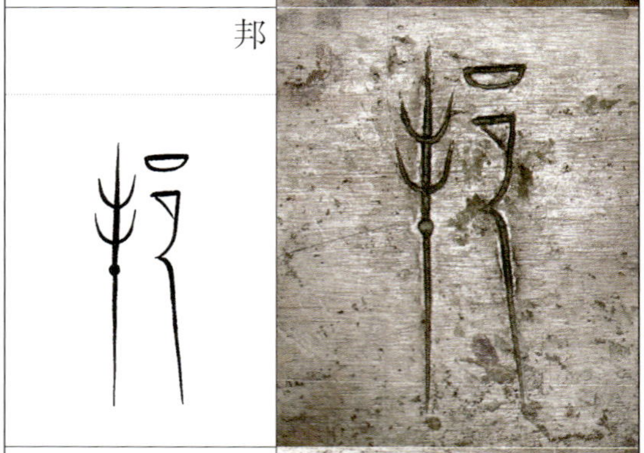

又

氒
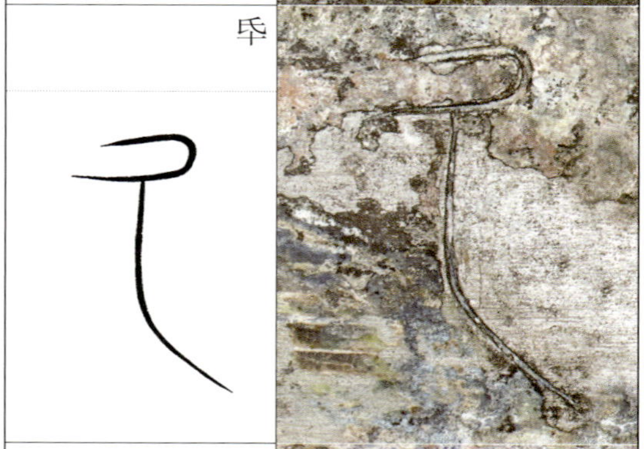

忠
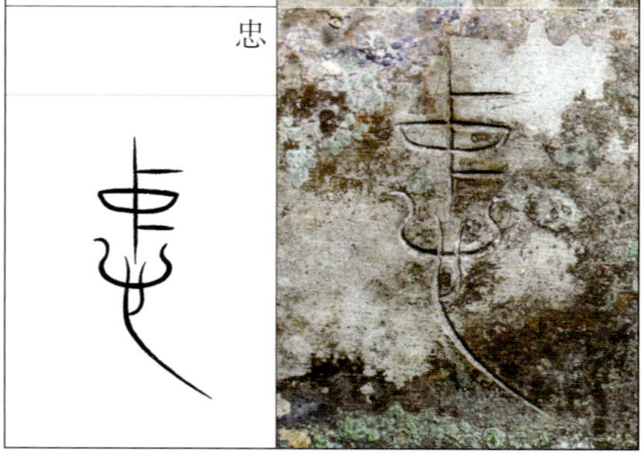

臣賈，克巛（順）克卑（俾），亡（無）不逹（率）仁。敬巛（順）

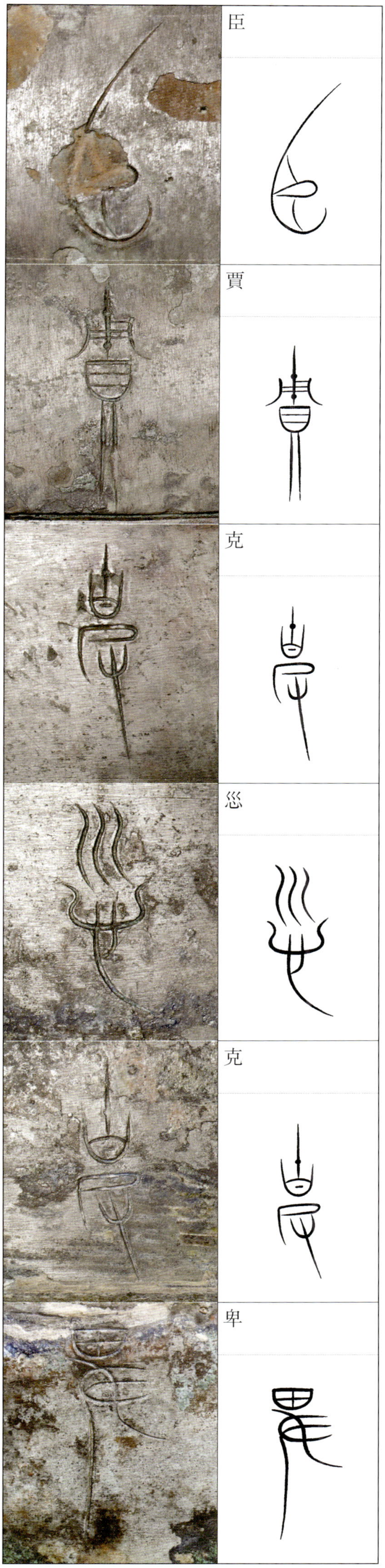

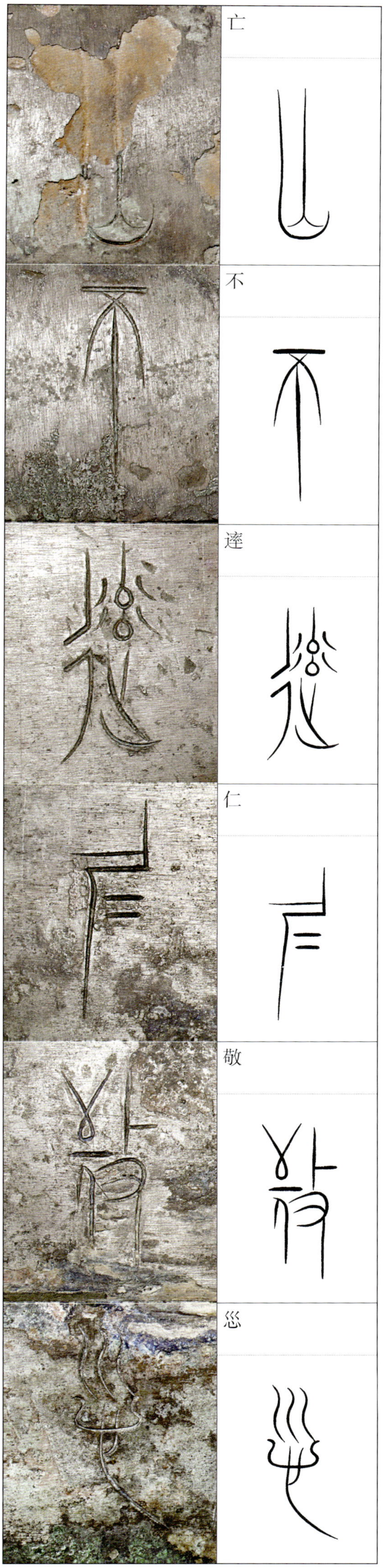

天悳（德），㠯（以）⿰犭差（左）右⿱頁八（寡）人，速（使）智（知）⿰礻坴（社）禝（稷）之

天

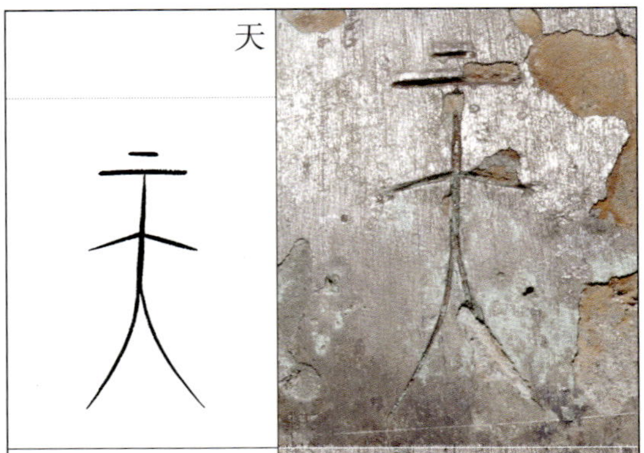

悳

㠯

⿰犭差

右

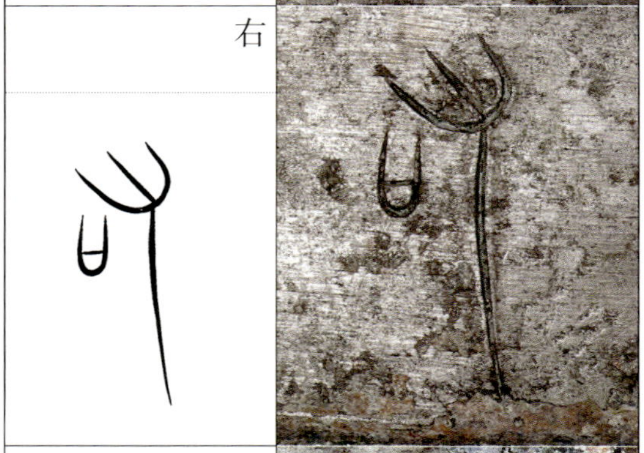

⿱頁八

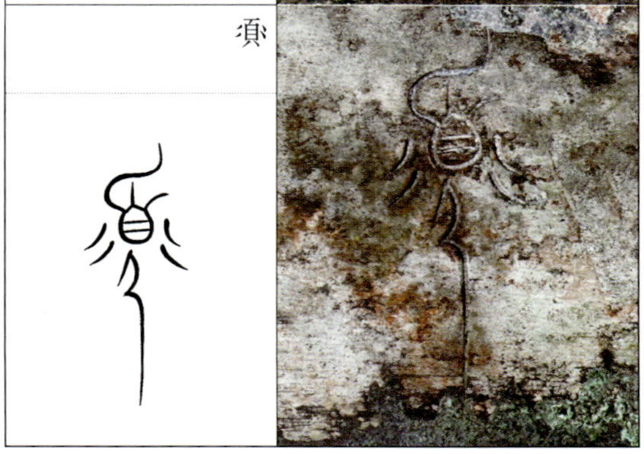

人

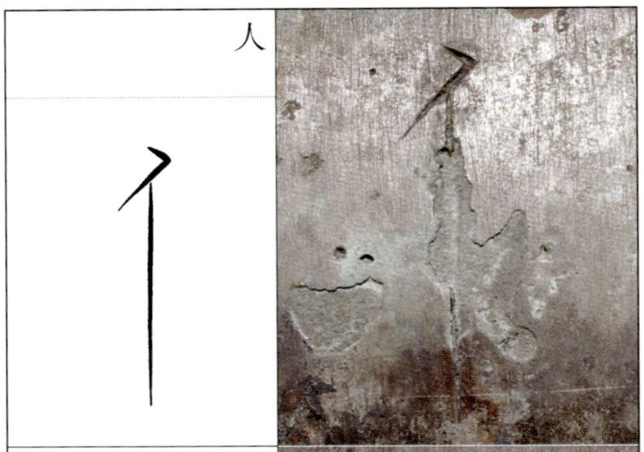

速

智

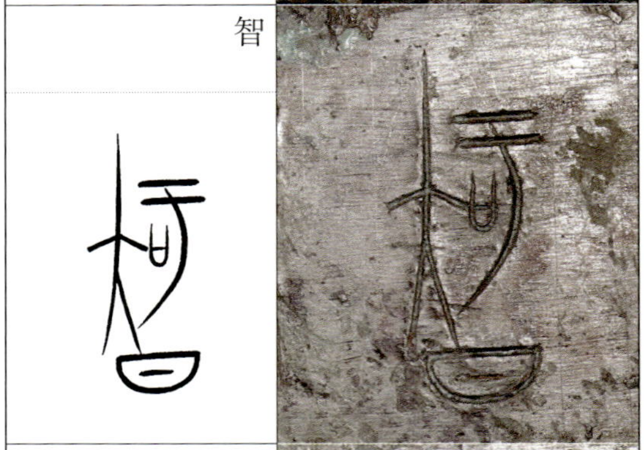

⿰礻坴

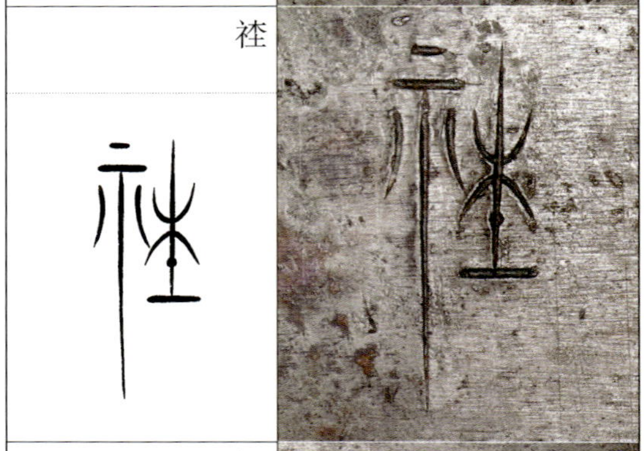

禝

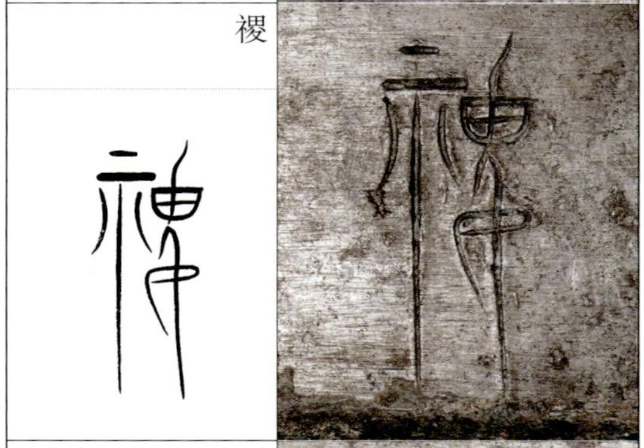

之

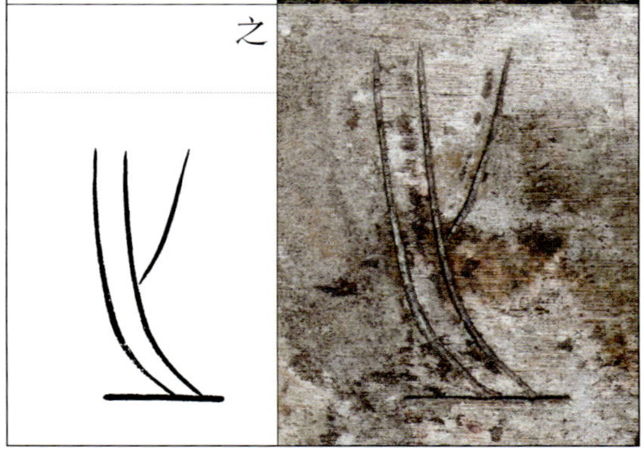

賃（任），臣宝（主）之宜（義），夙夜不解（懈），㠯（以）詳（善）道（導）

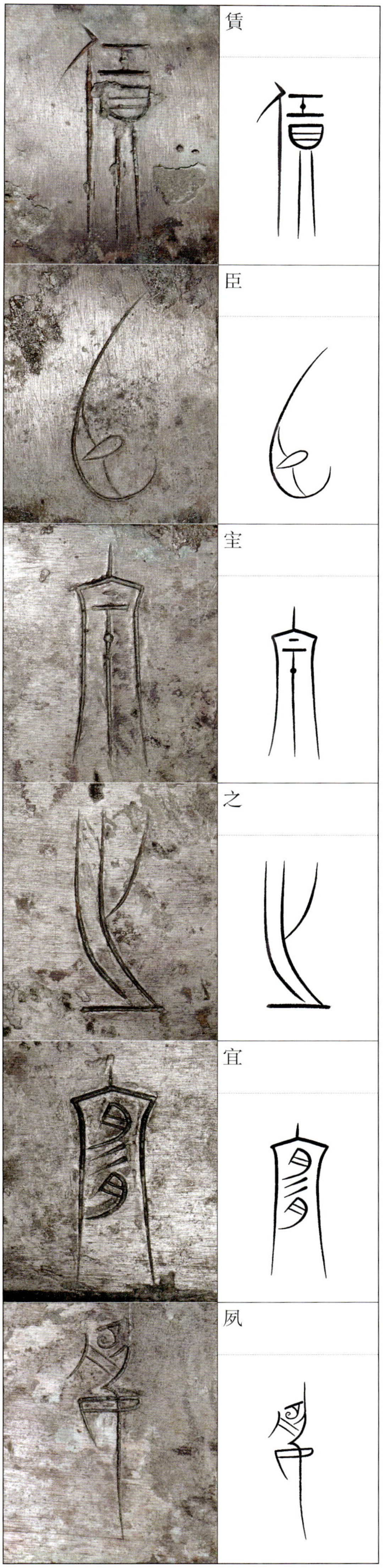

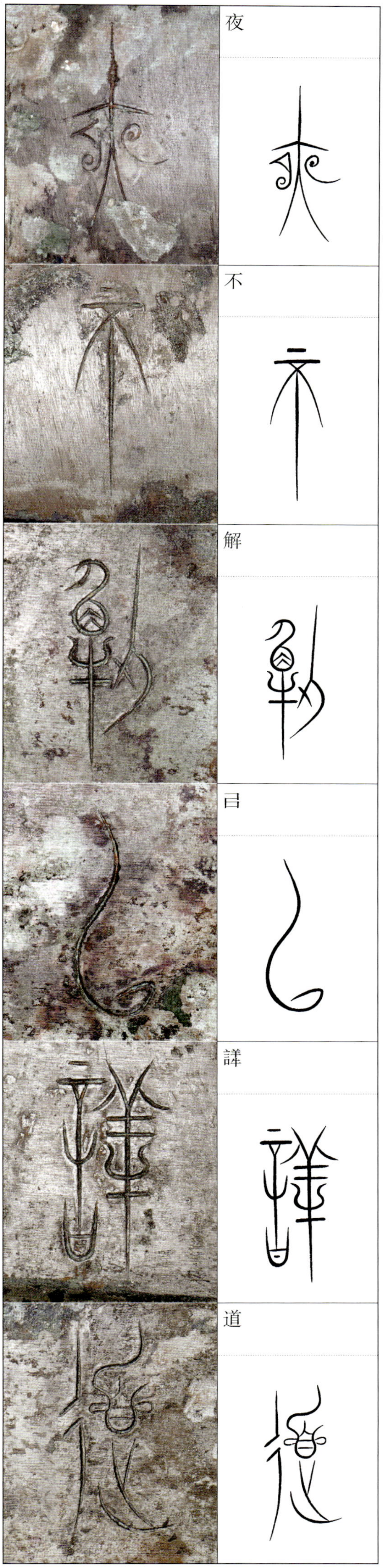

頁（寡）人。含（今）舍（余）方壯，智（知）天若否，侖（論）其

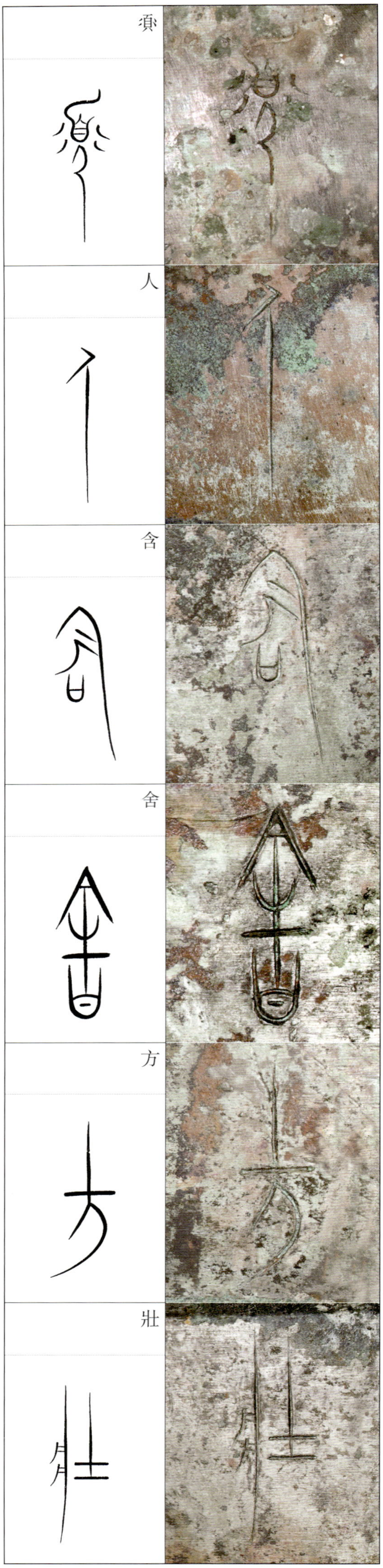

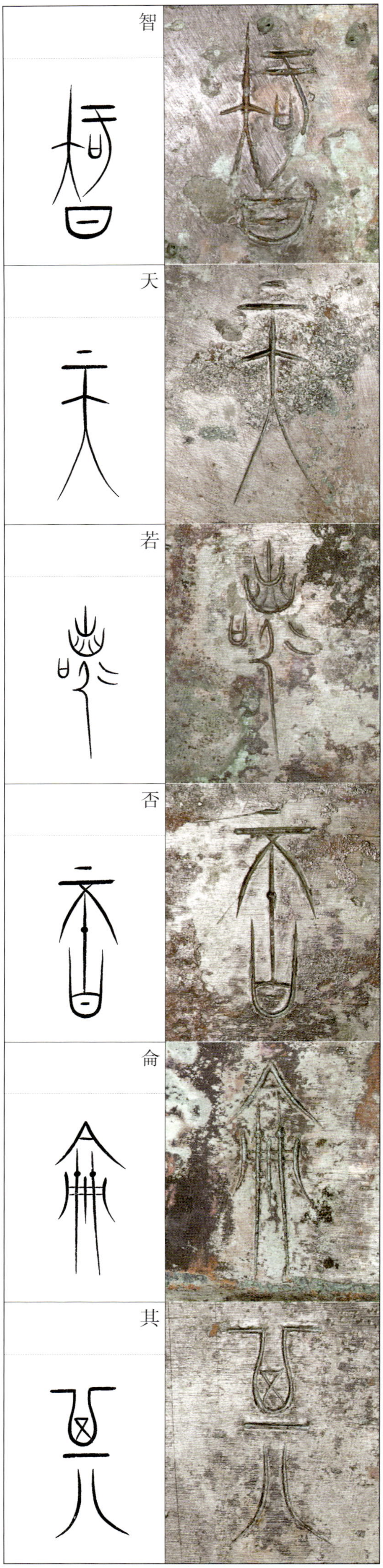

悳（德），眚（省）其行，亡（無）不巛（順）道，考尾（宅）隹（惟）型。

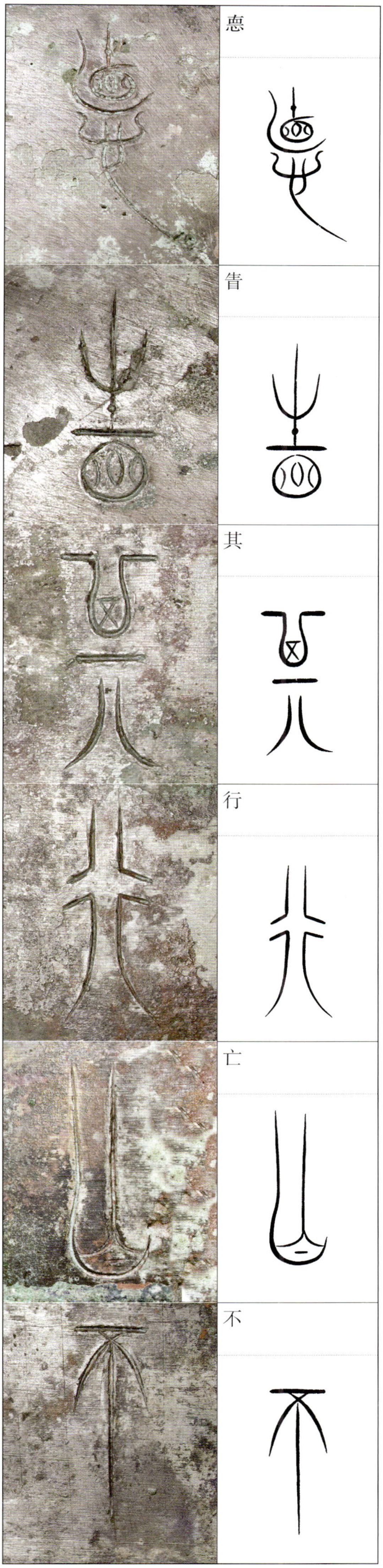

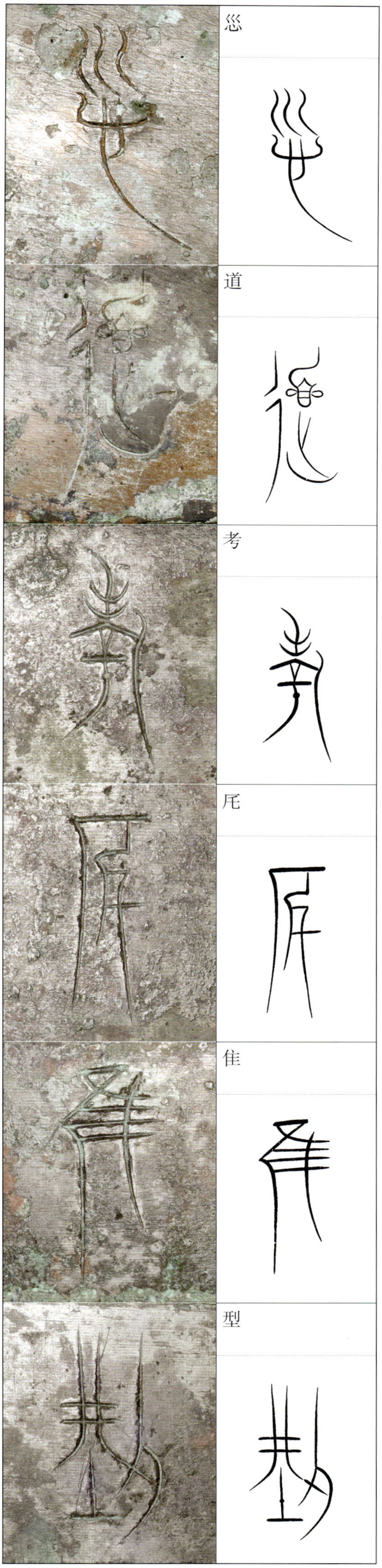

於（嗚）虖（呼），祈（慎）𢆶（哉）！社（社）禝（稷）其庶虖（呼）！氒（厥）業才（在）

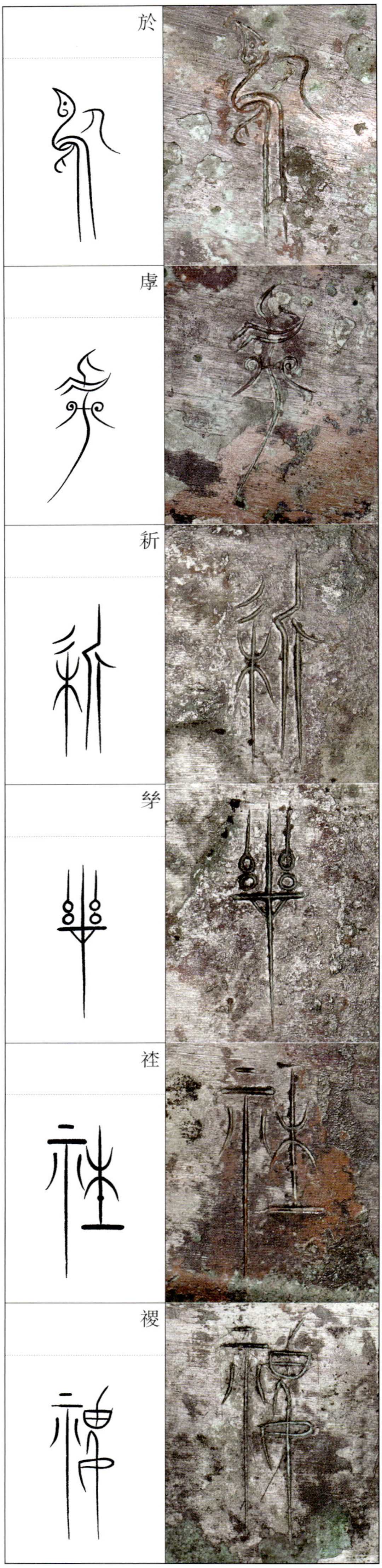

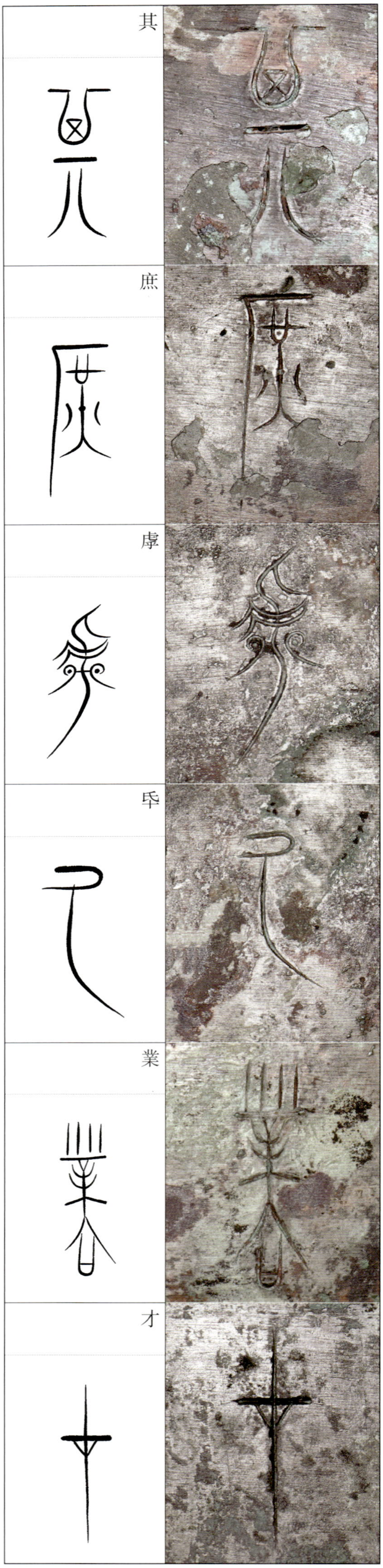

祇。湏（寡）人䎽（聞）之，事孚（少）女（如）張（長），事愚女（如）

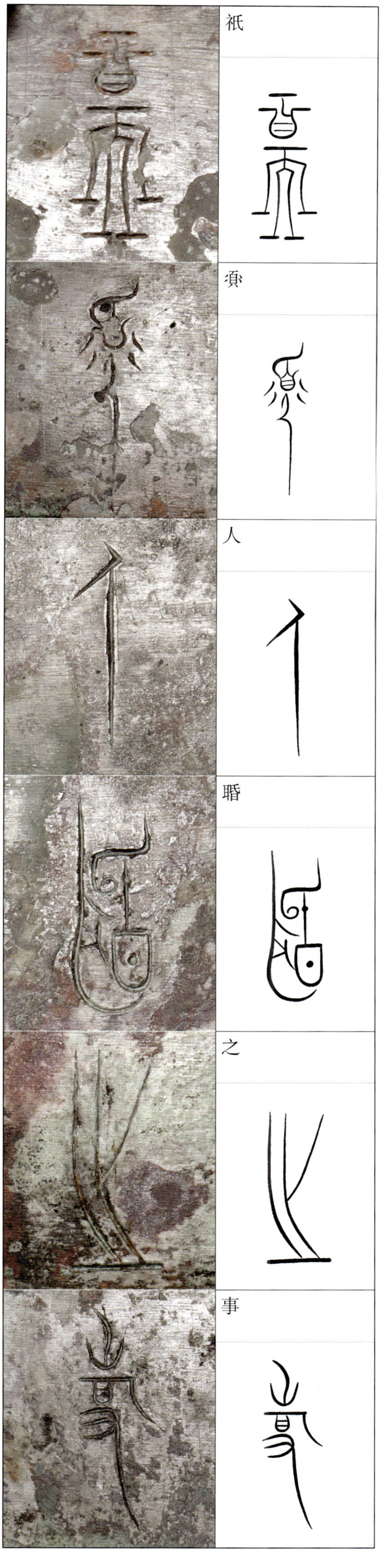

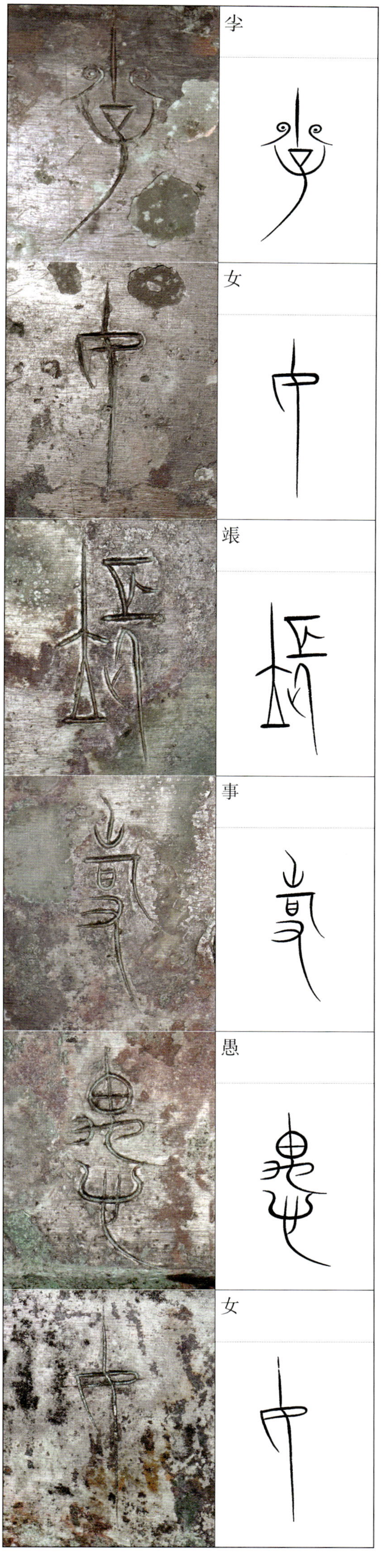

智，此易言而難行施（也）。非恁（信）與忠，

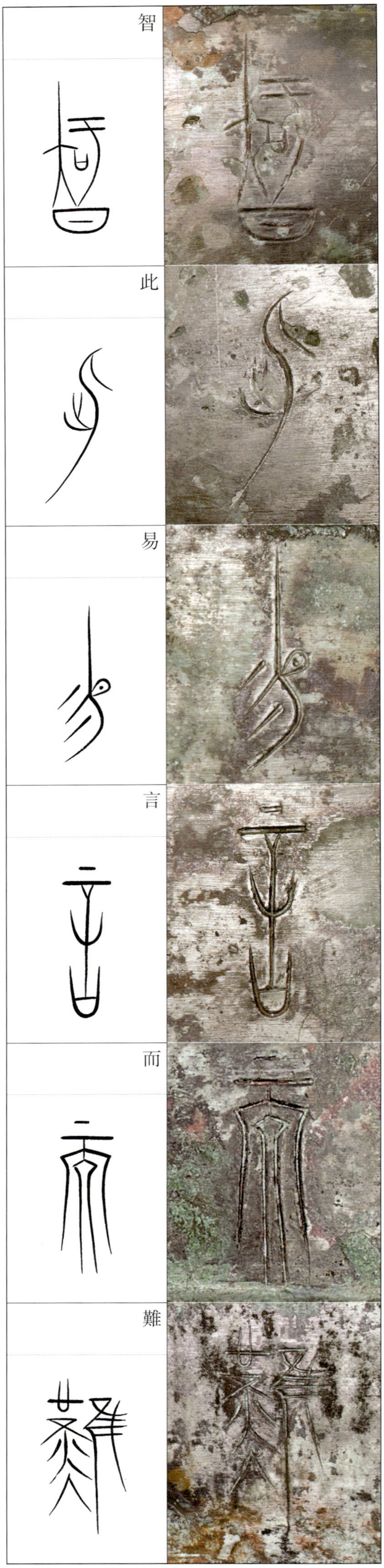

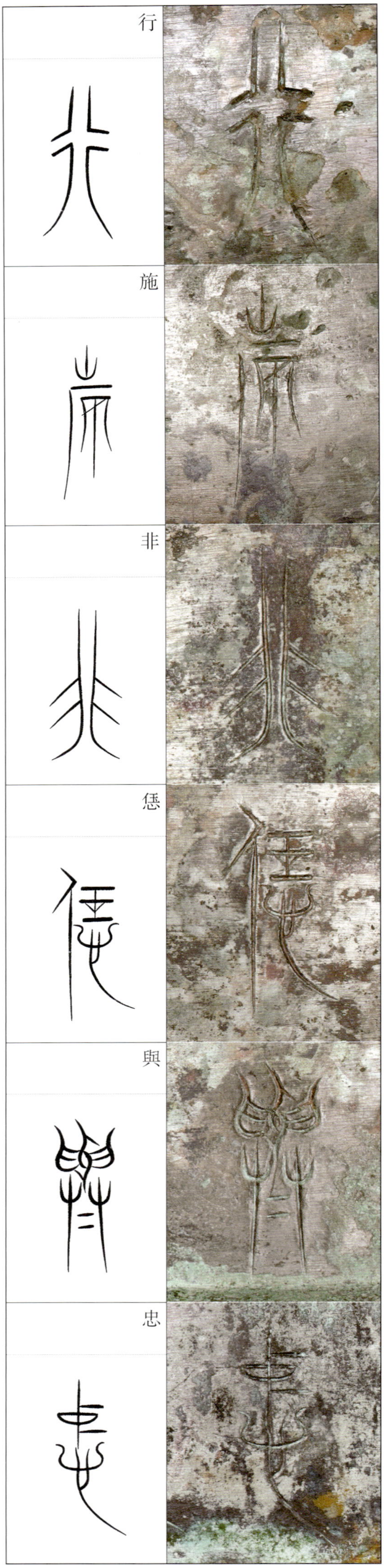

其隹（誰）能之，其隹（誰）能之？隹（惟）盧（吾）老賈，是克行之。

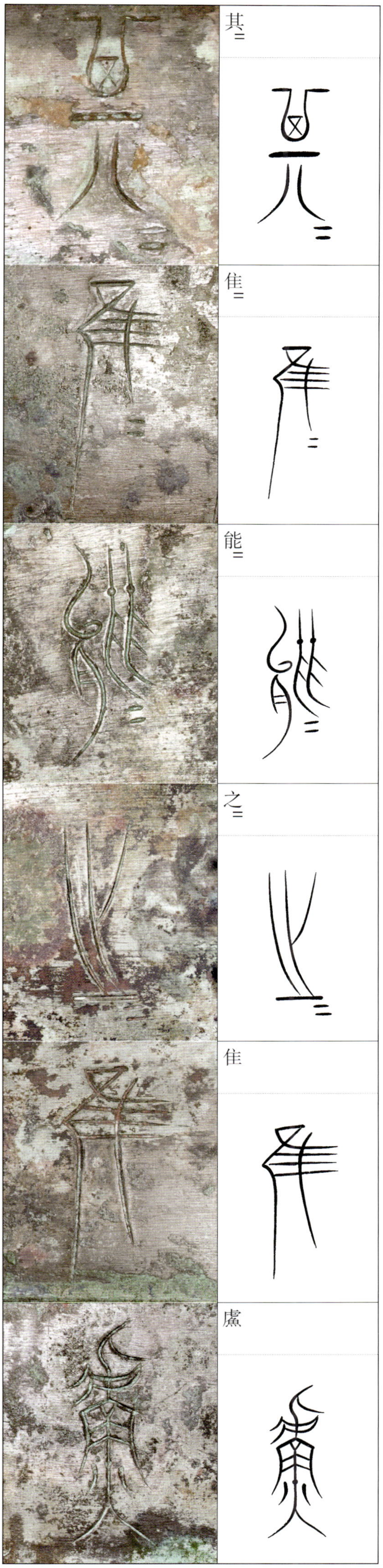

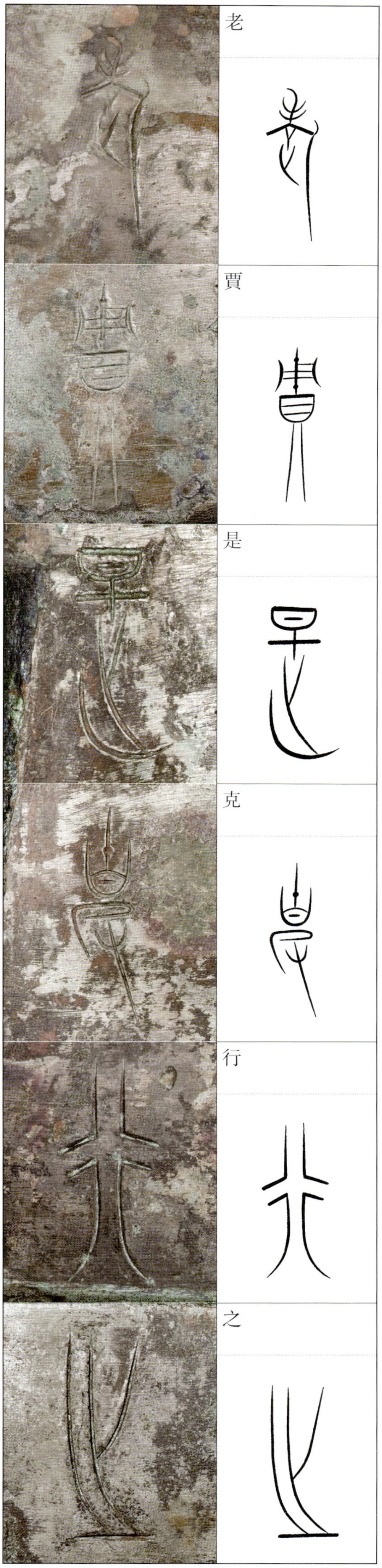

於（嗚）虖（呼）！攸𢆶（哉）！天其有㘼（佣）于𢆶（兹）氒（厥）邦，

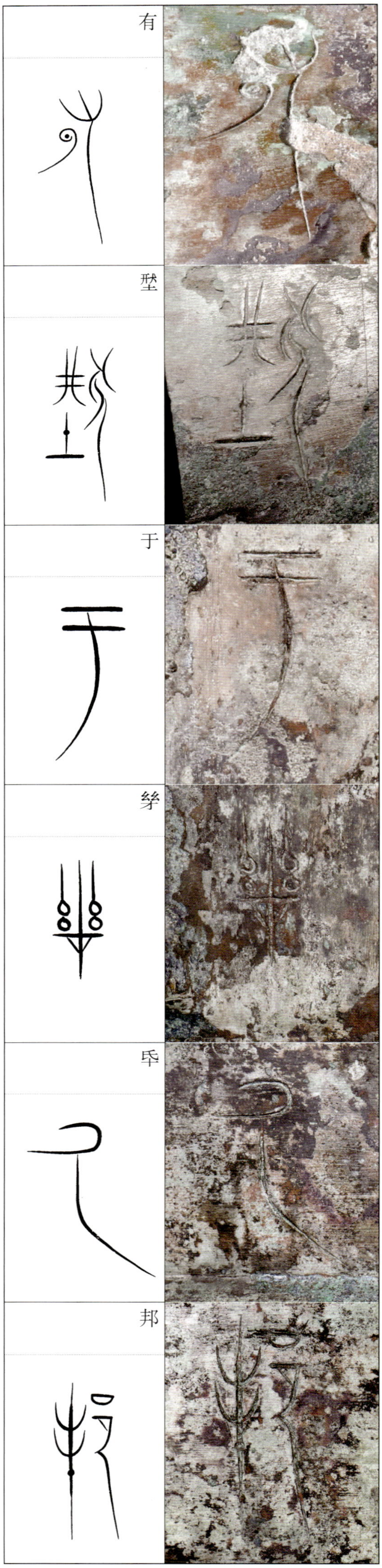

氏（是）吕（以）須（寡）人匽（委）賃（任）之邦，而去之遊，

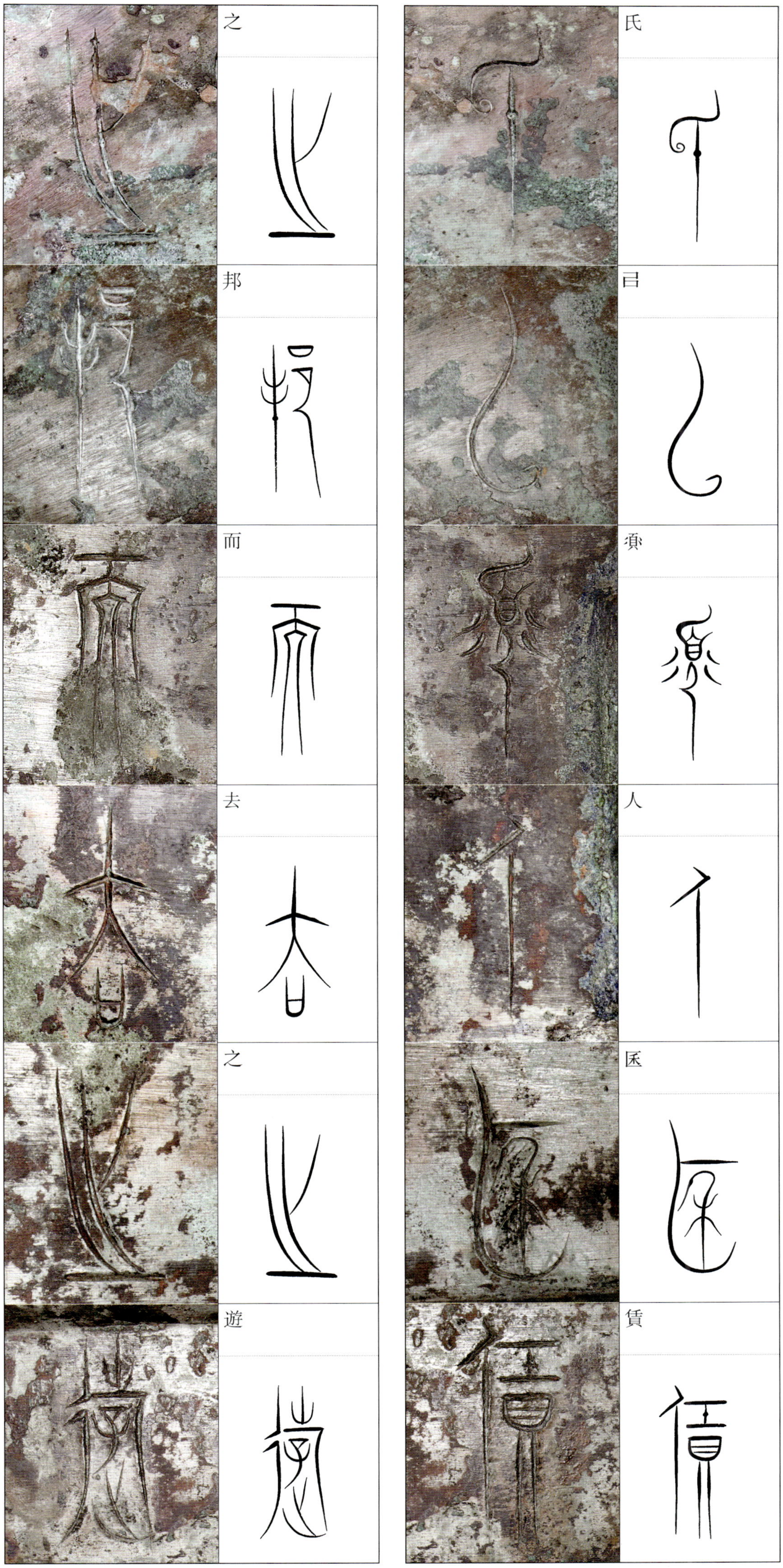

亡（無）𡨦（遽）煬（惕）之𢘓（慮）。昔者𪊨（吾）先禔（祖）趄（桓）王、

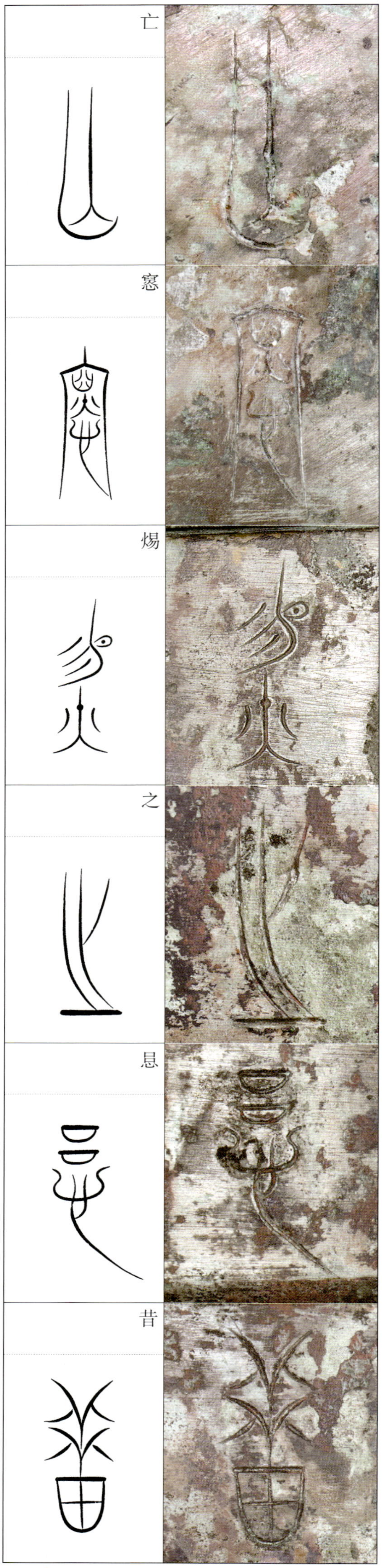

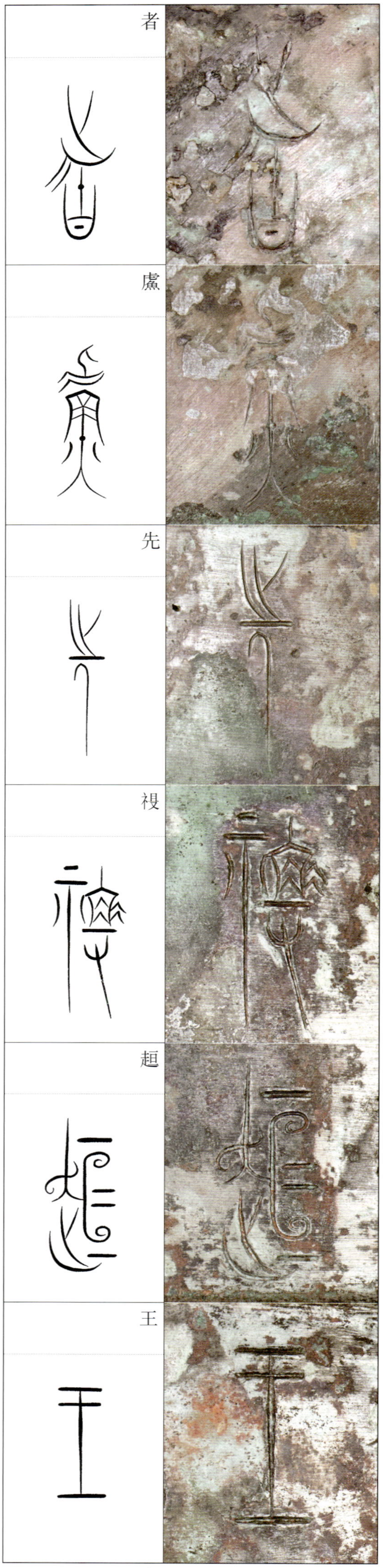

卲（昭）考成王，身勤袿（社）禝（稷），行亖（四）方，㠯（以）

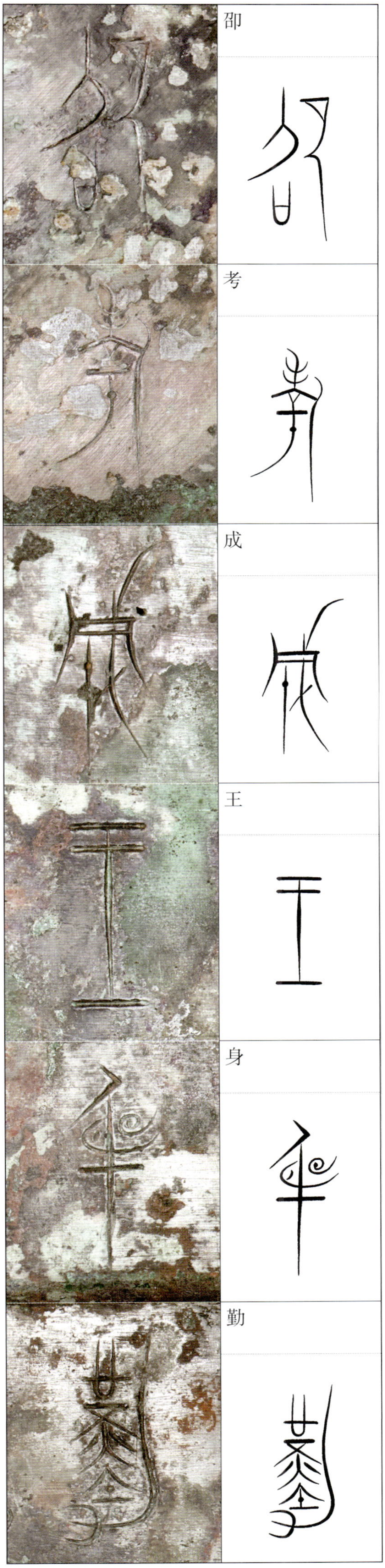

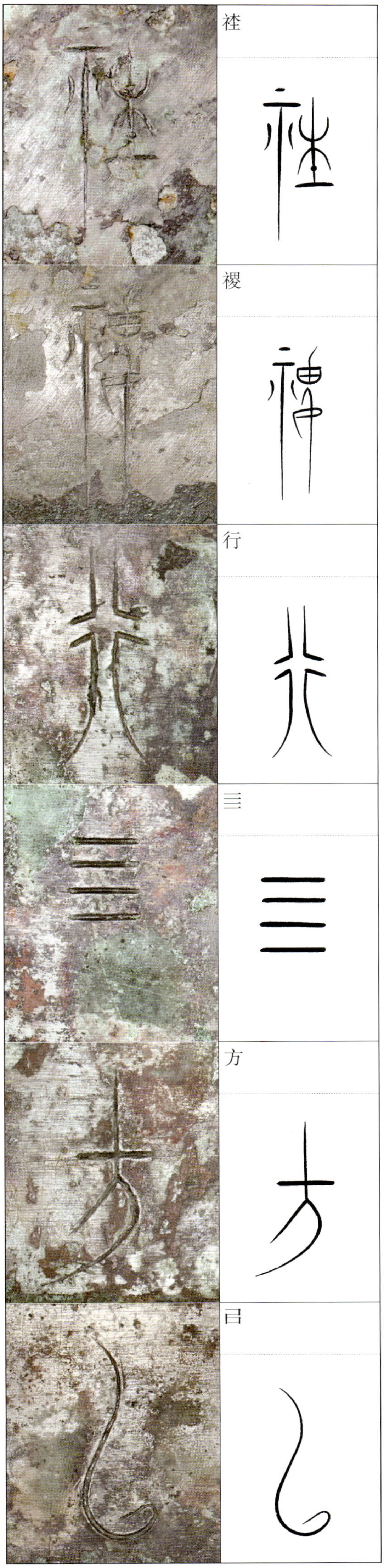

惪（憂）慦（勞）邦家。含（今）䖒（吾）老賈，新（親）逹（率）參（三）軍

惪
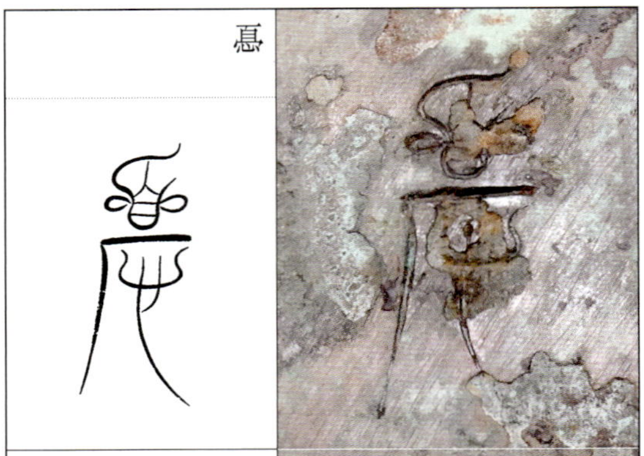

慦

邦
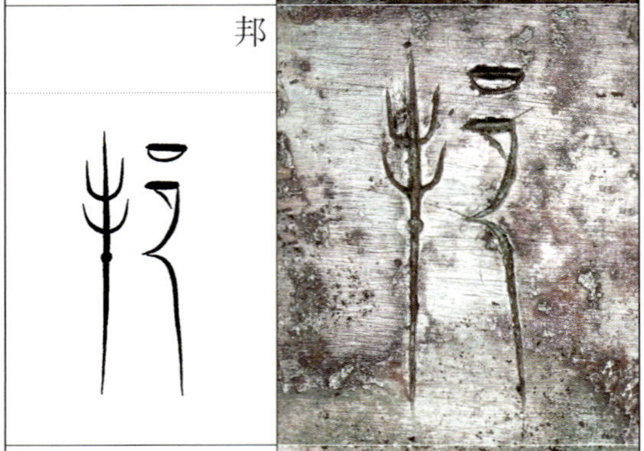

家

含

䖒
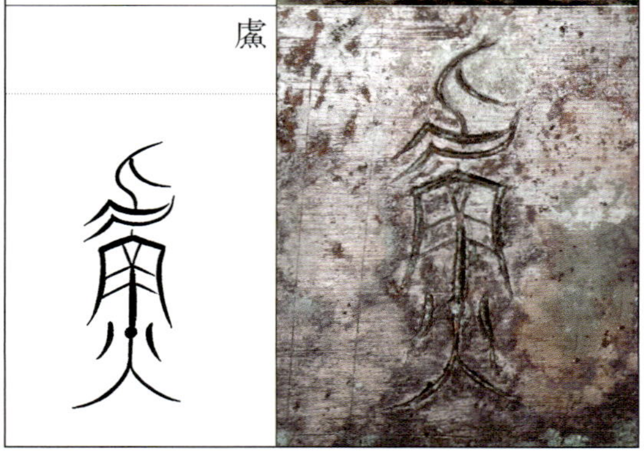

老
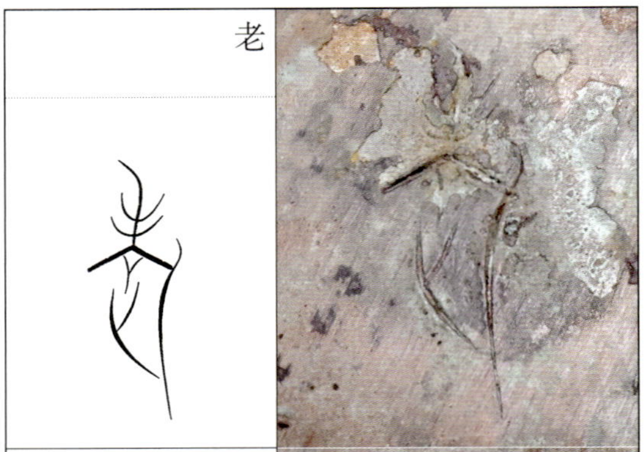

賈

新

逹
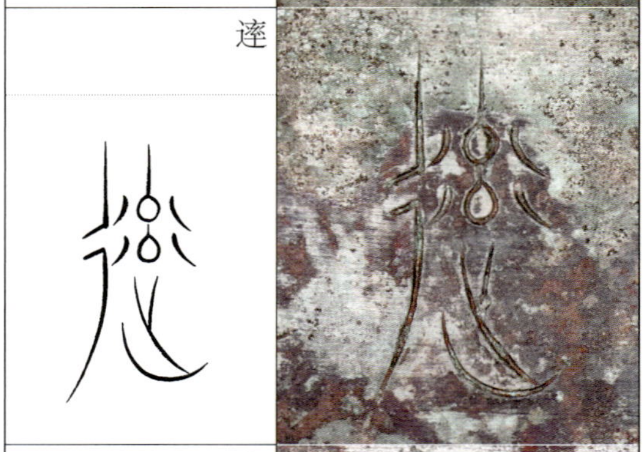

參

軍
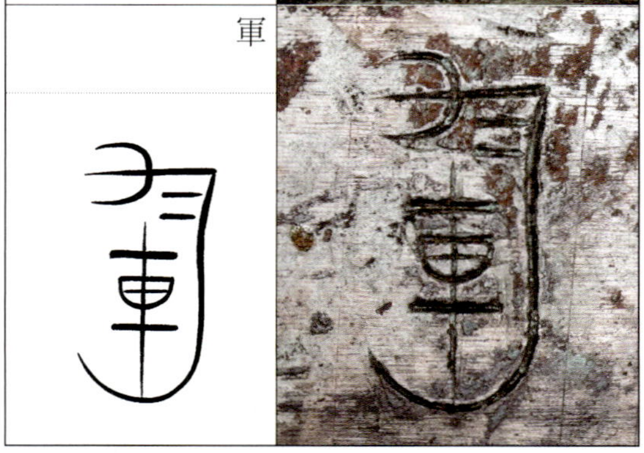

之眔，㠯（以）征不宜（義）之邦，䟫（奮）桴晨（振）鐸，

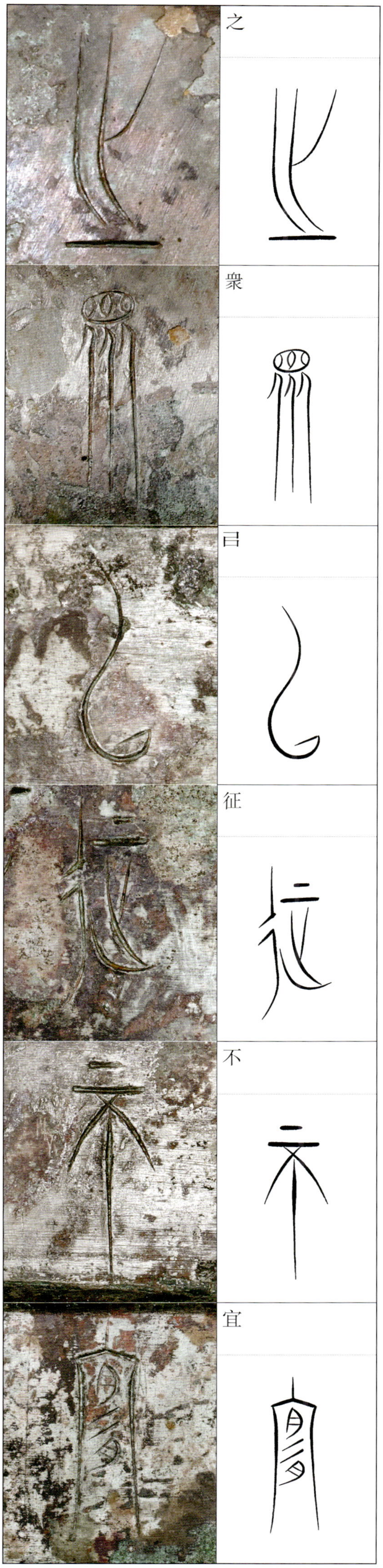

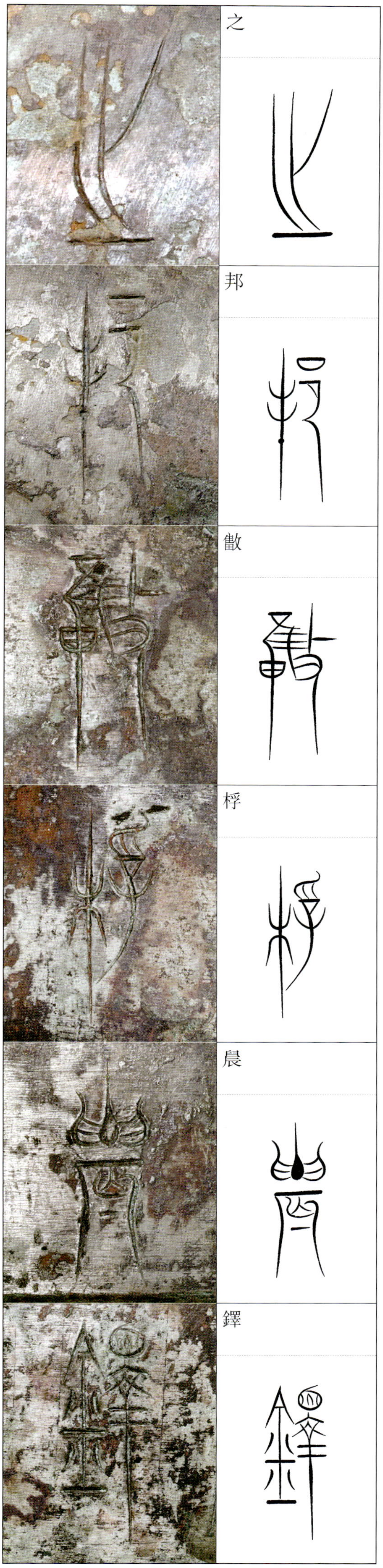

闢啓⿱封田（封）彊（疆），方譽（數）百里，剌（列）城譽（數）十，

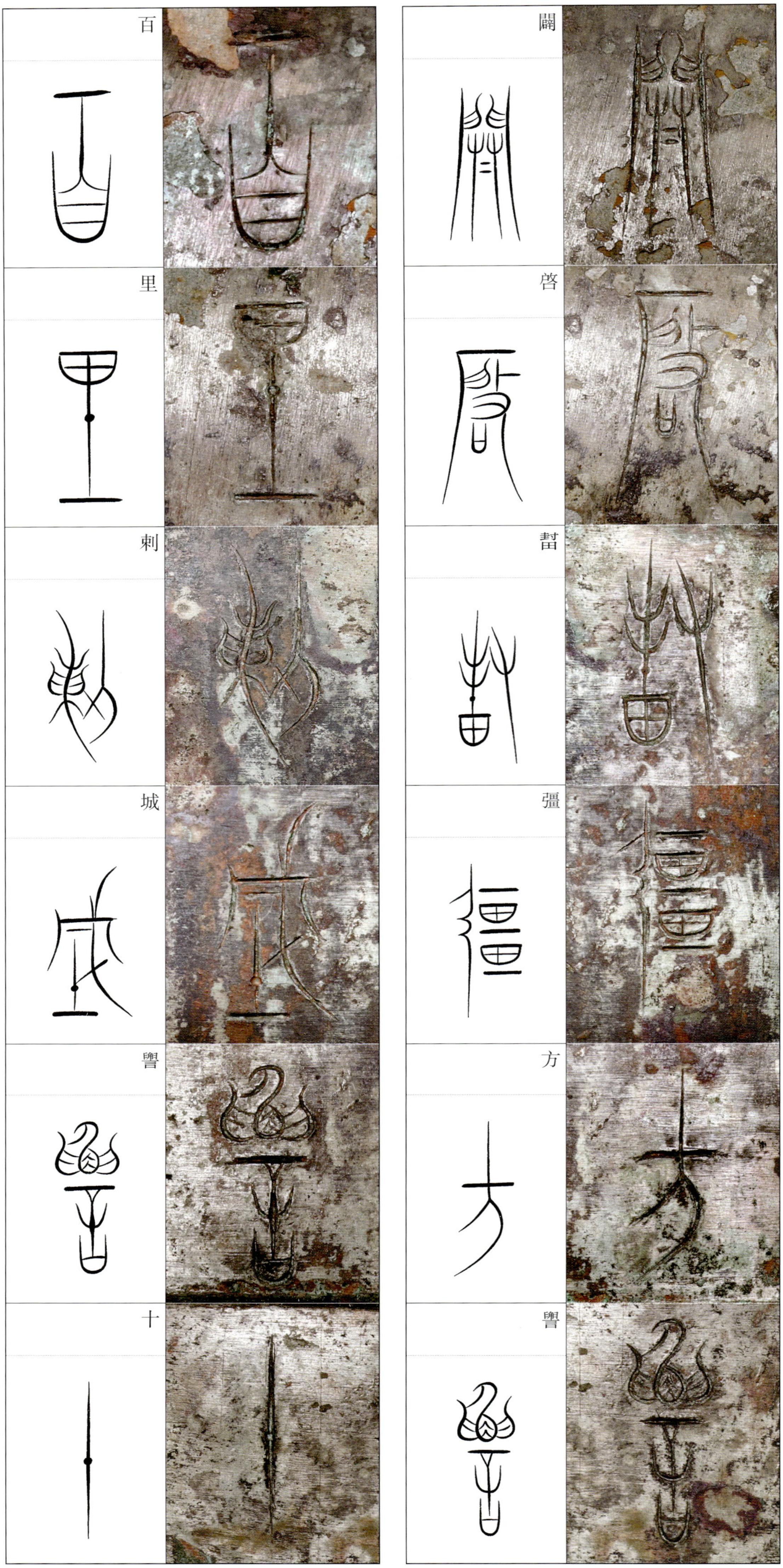

克倘（敵）大邦。㝅（寡）人庸其悳（德），嘉其力，

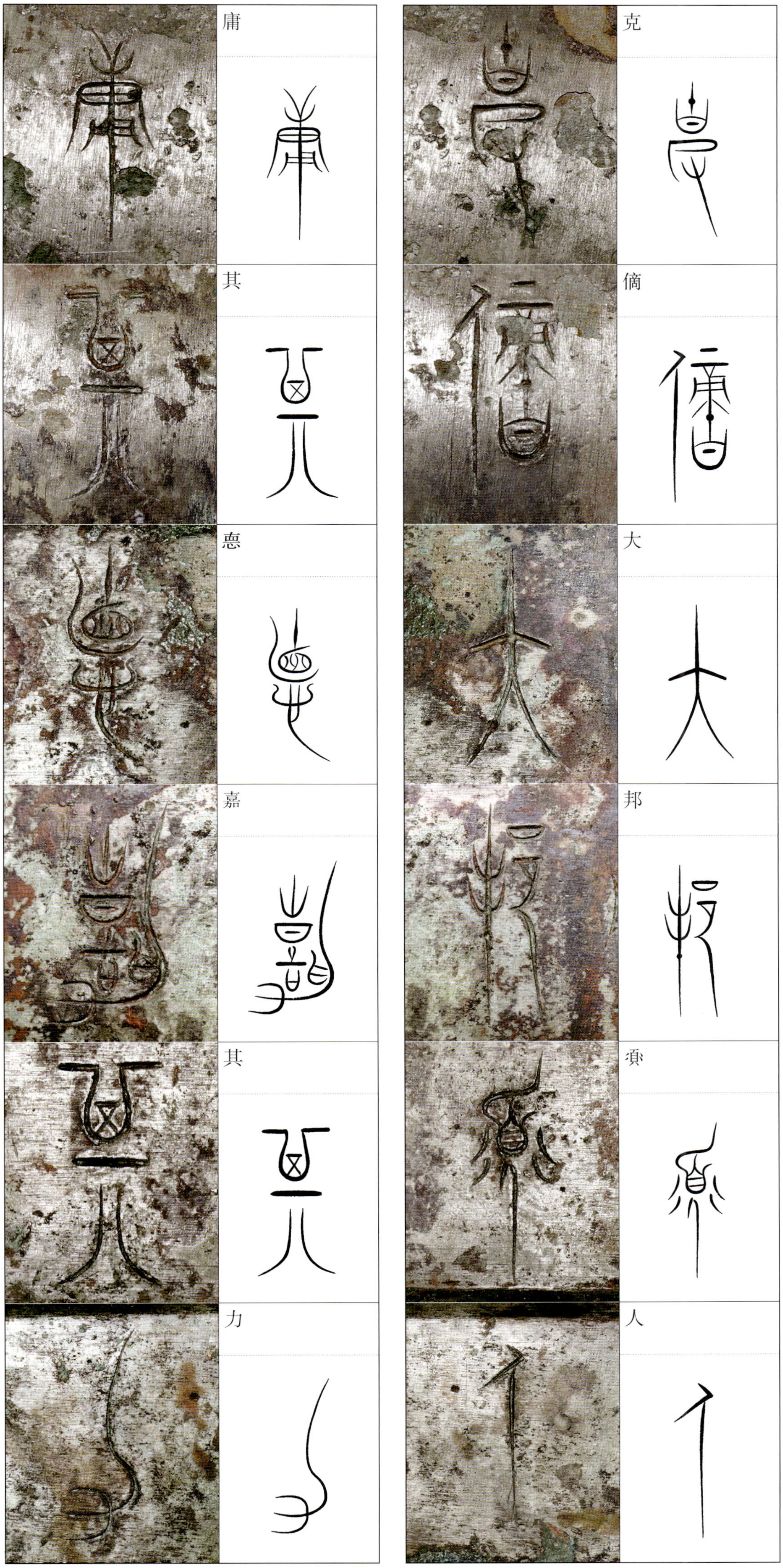

氏（是）㠯（以）賜之氒（厥）命，隹（雖）有死辠（罪），及參（三）

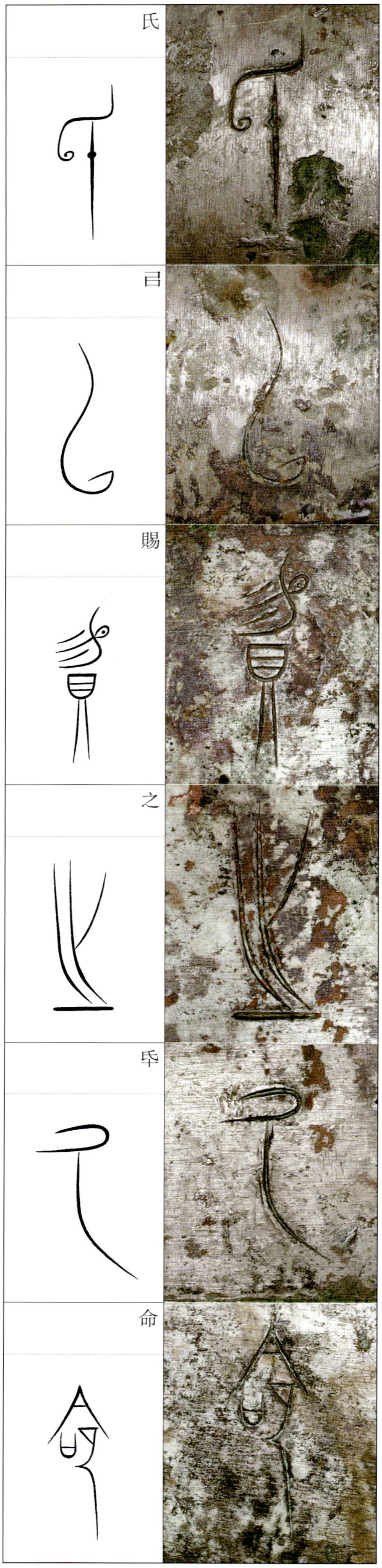

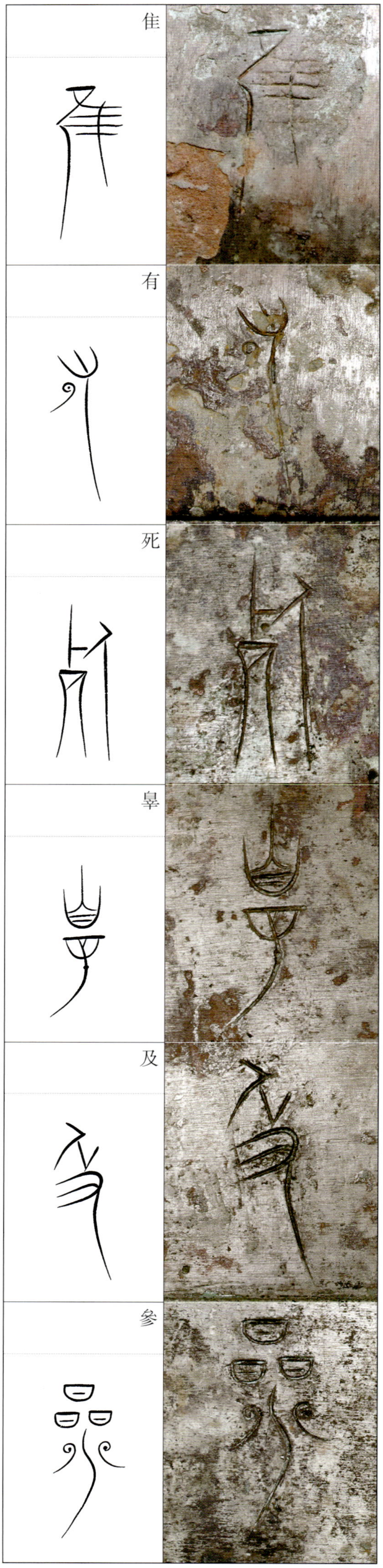

殜（世）亡（無）不若（敉），㠯（以）明其悳（德），庸其工（功），盧（吾）

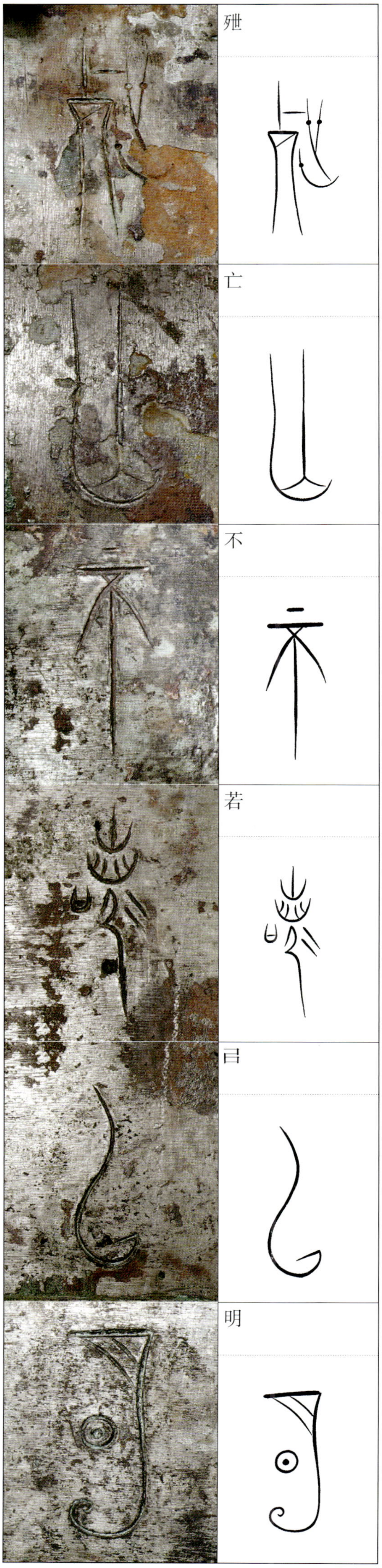

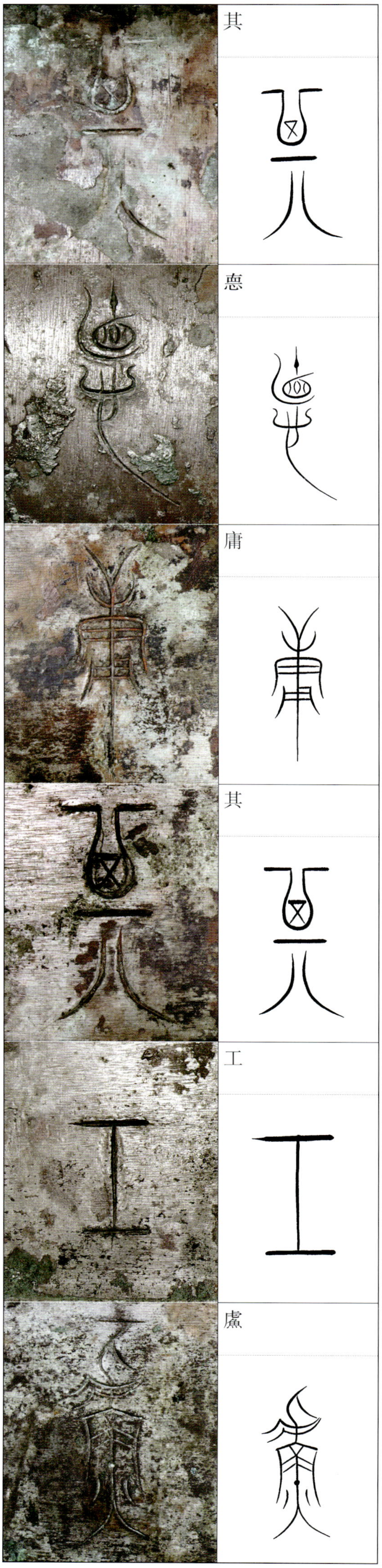

老賈奔走不聑（聽）命，頁（寡）人懼其忽然

老

賈
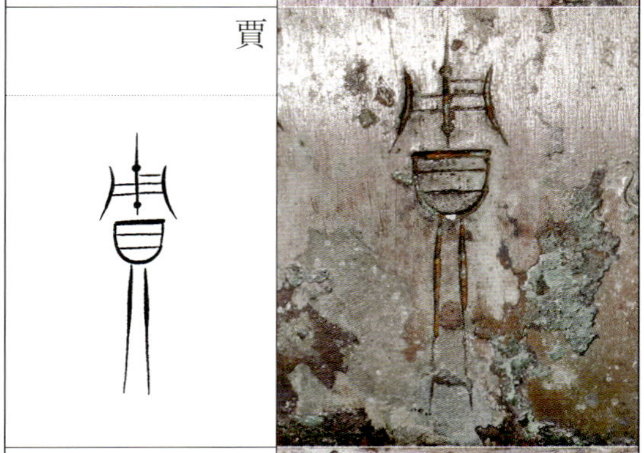
奔

走
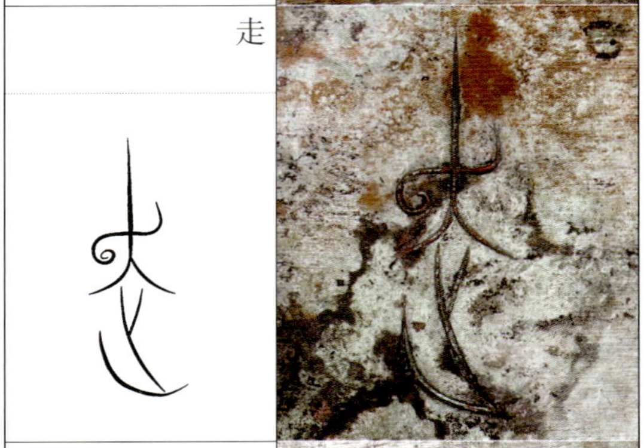
不
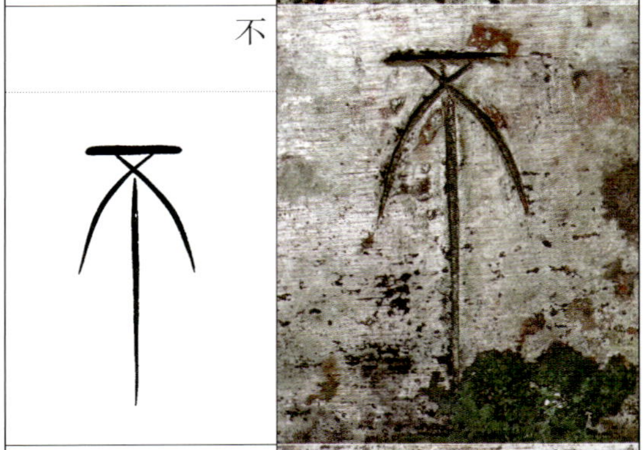
聑

命

頁
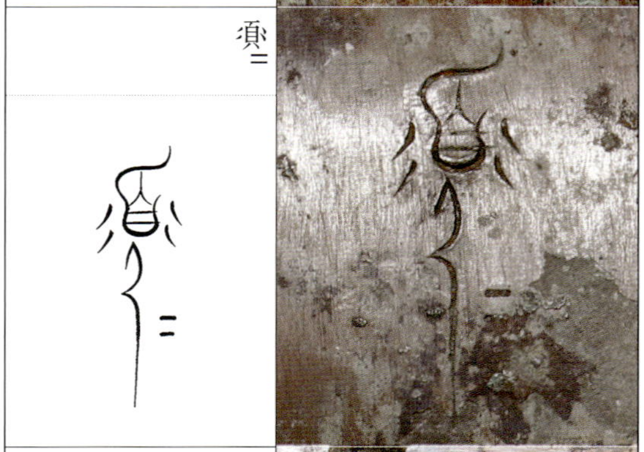
懼

其

忽

然

不可旻（得），憚憚僕（業）僕（業），忐（恐）隕祚（社）禝（稷）之光，氏（是）

不
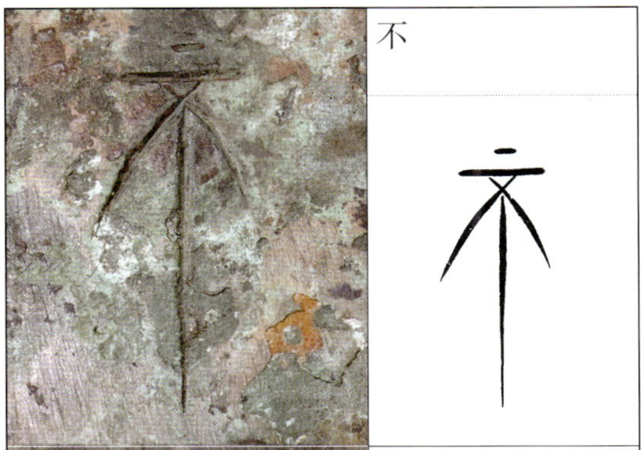

可
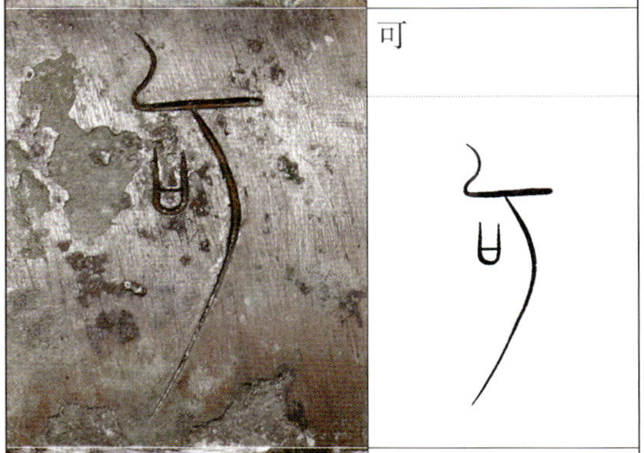

旻

憚=

僕=

忐

隕
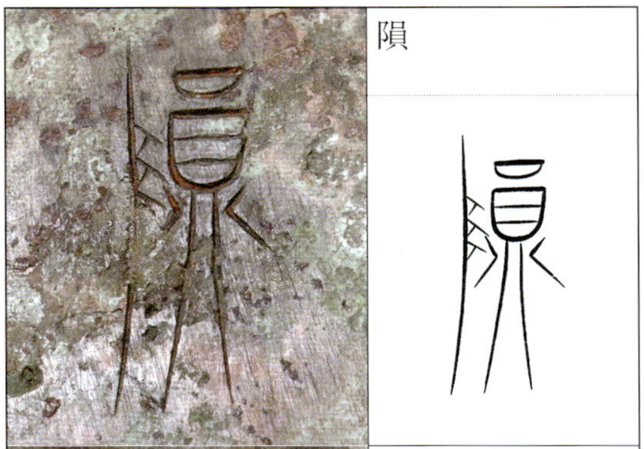

祚
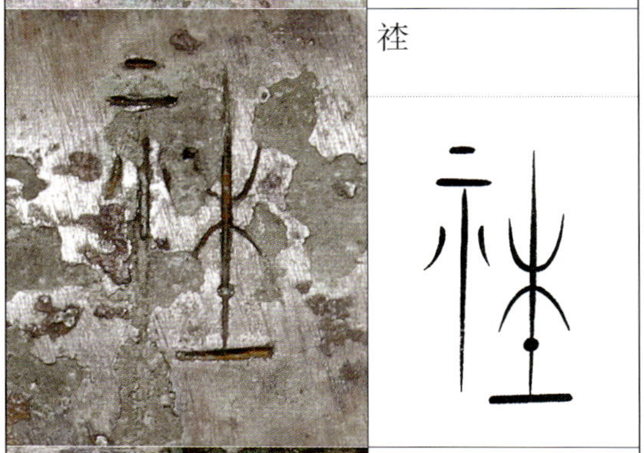

禝
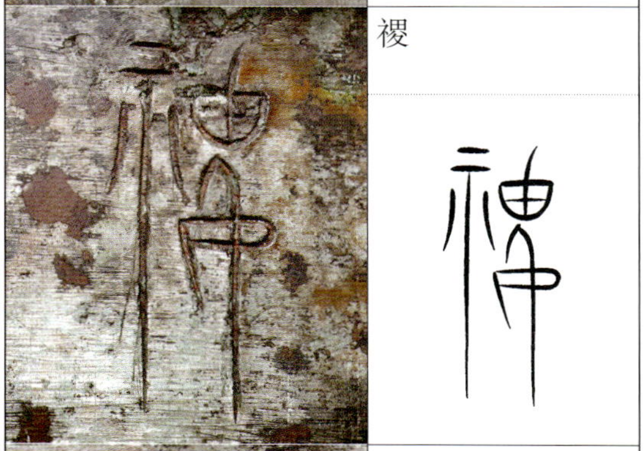

之
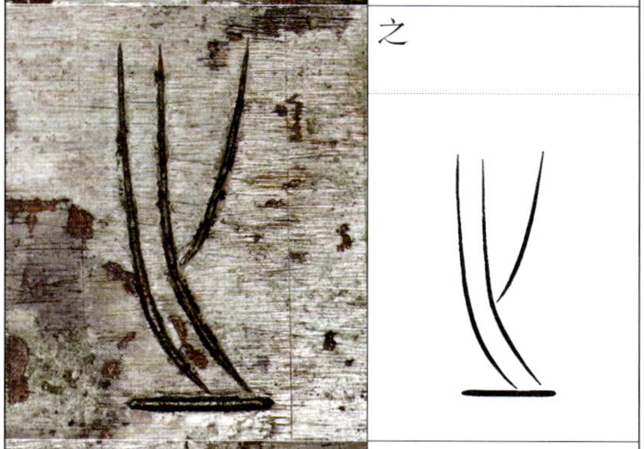

光

氏
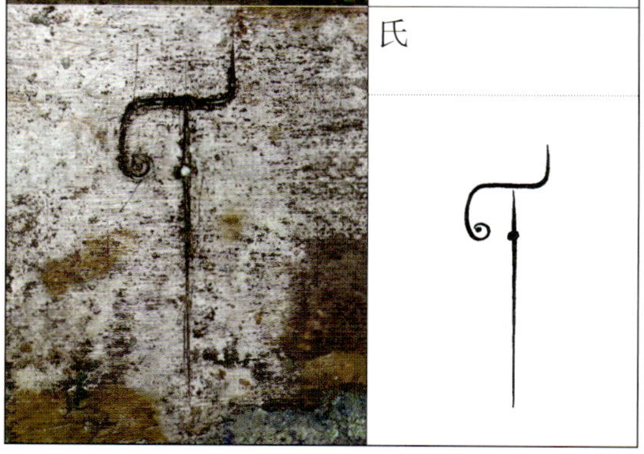

㠯（以）𩠞（寡）人許之，𢘓（謀）𢟊（慮）𧇾（皆）从（從），克有工（功）智

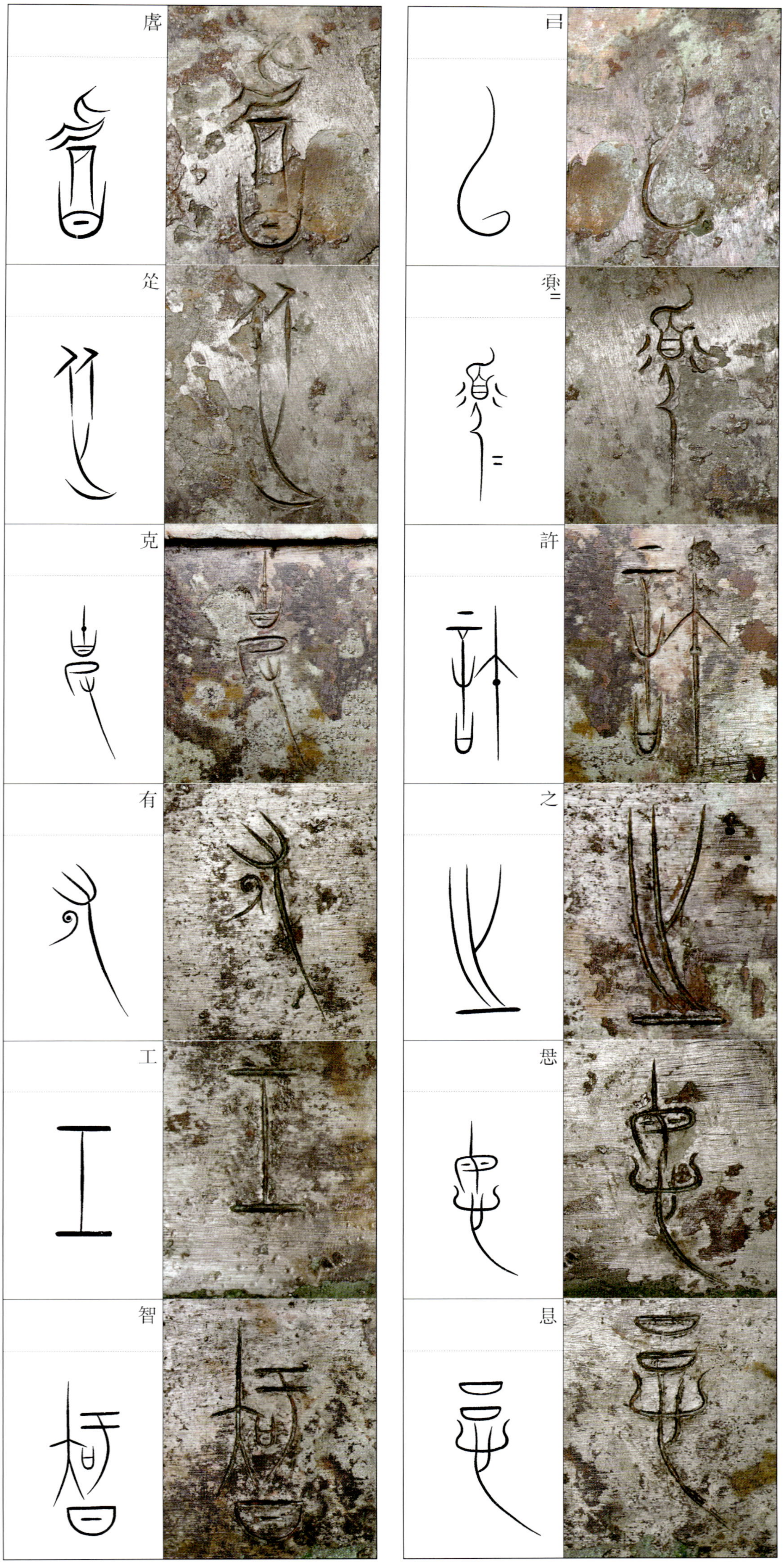

施（也）。詒（辝）死辠（罪）之有若（赦），智（知）爲人臣之

施

詒
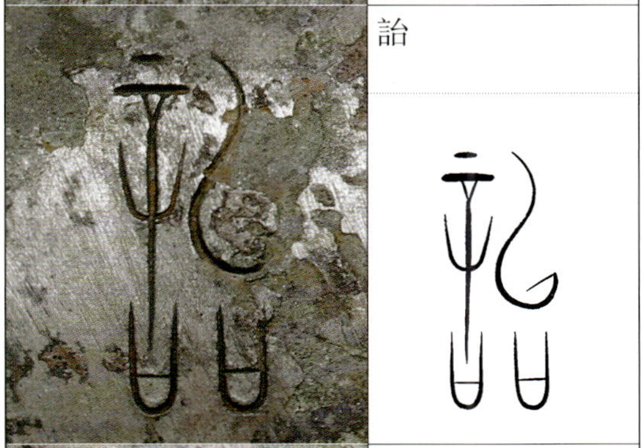
死
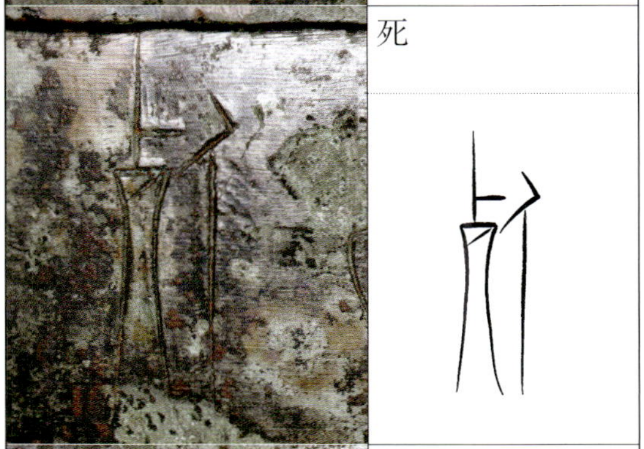
辠

之
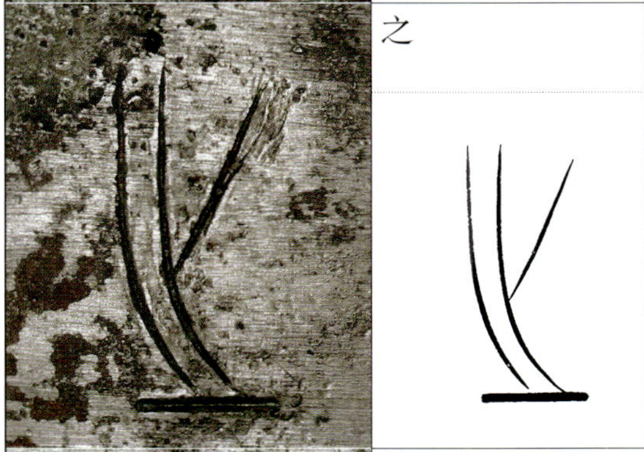
有
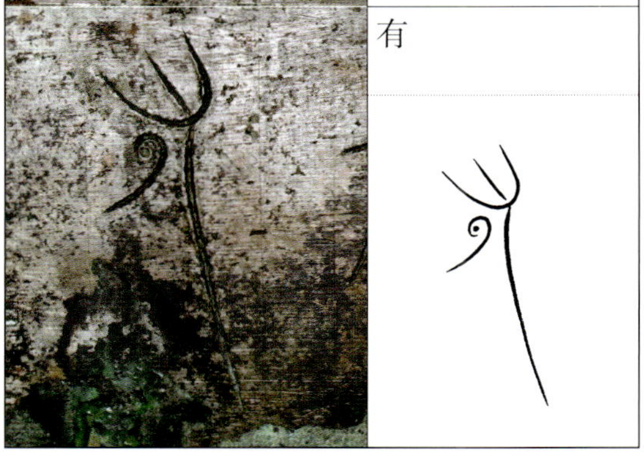
若

智
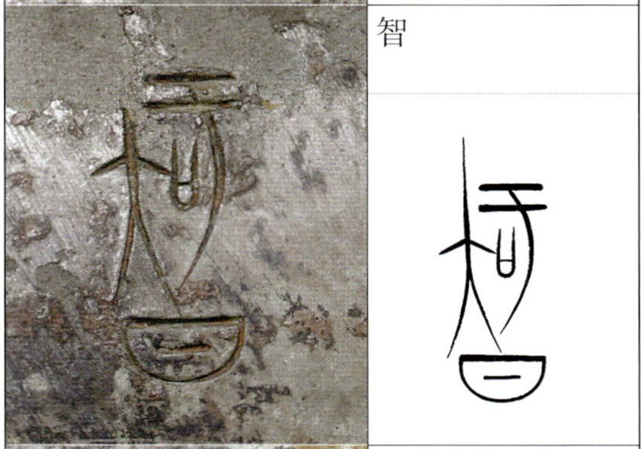
爲

人
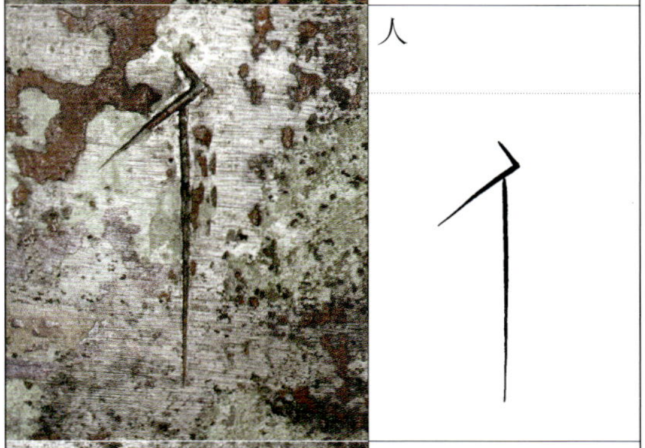
臣
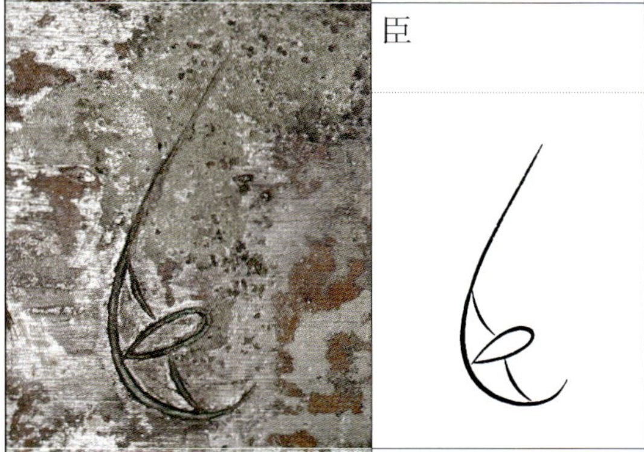
之
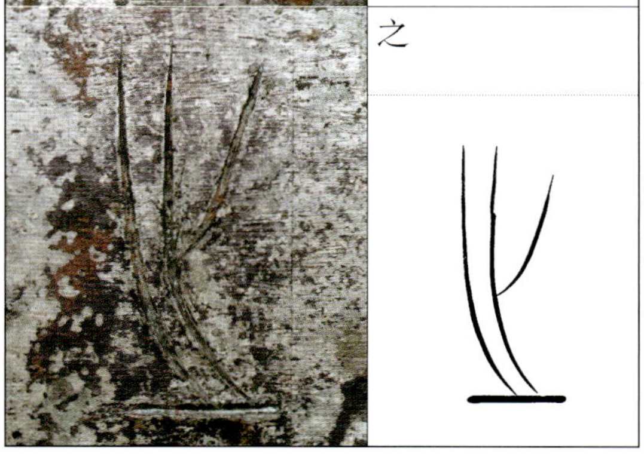

宜（義）施（也）。於（嗚）虖（呼），悆（念）之㚔（哉）！後人其庸庸之

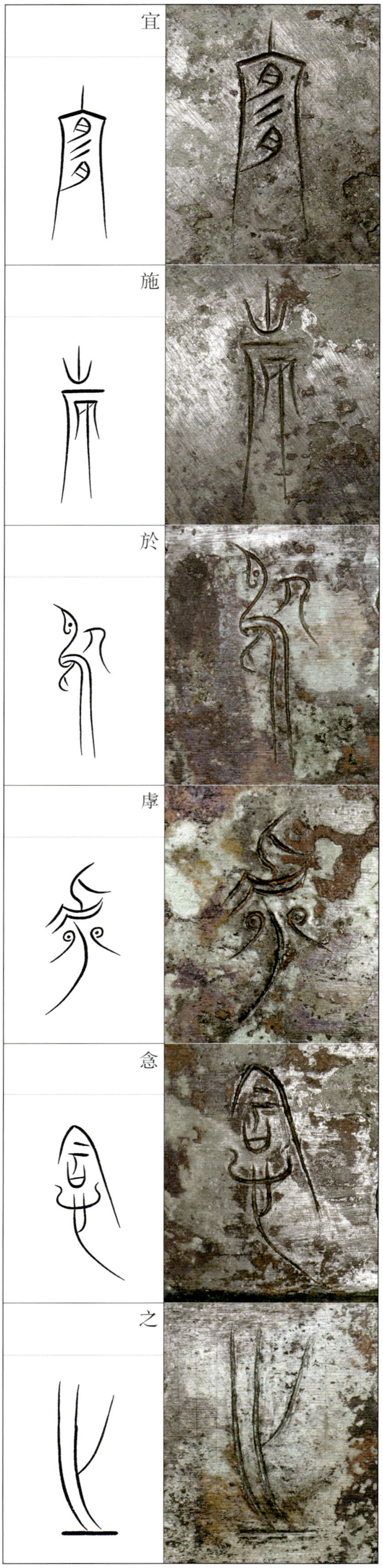

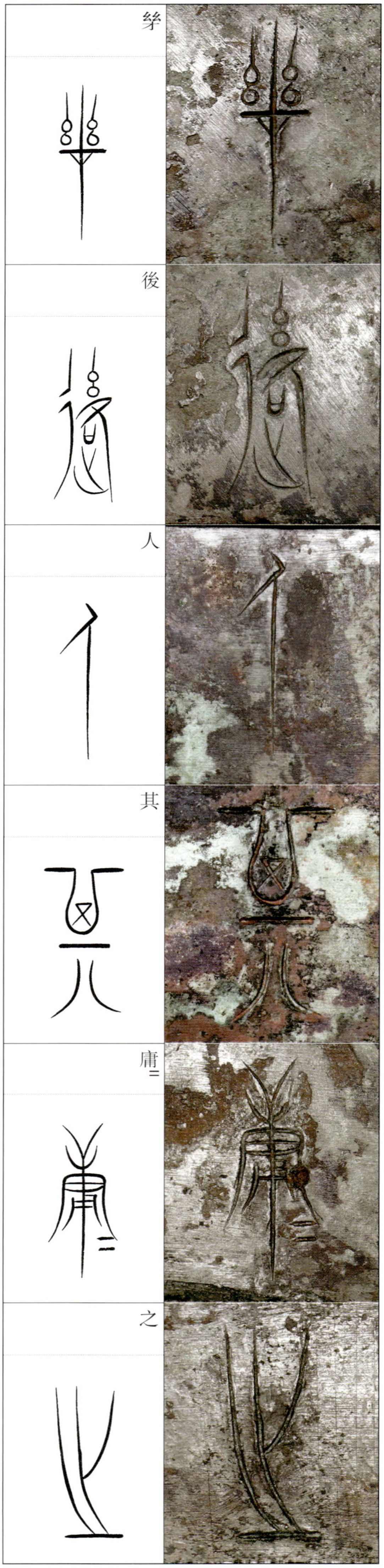

母（毋）忘尔邦。昔者吴人并雩（越），雩（越）人敒（修）

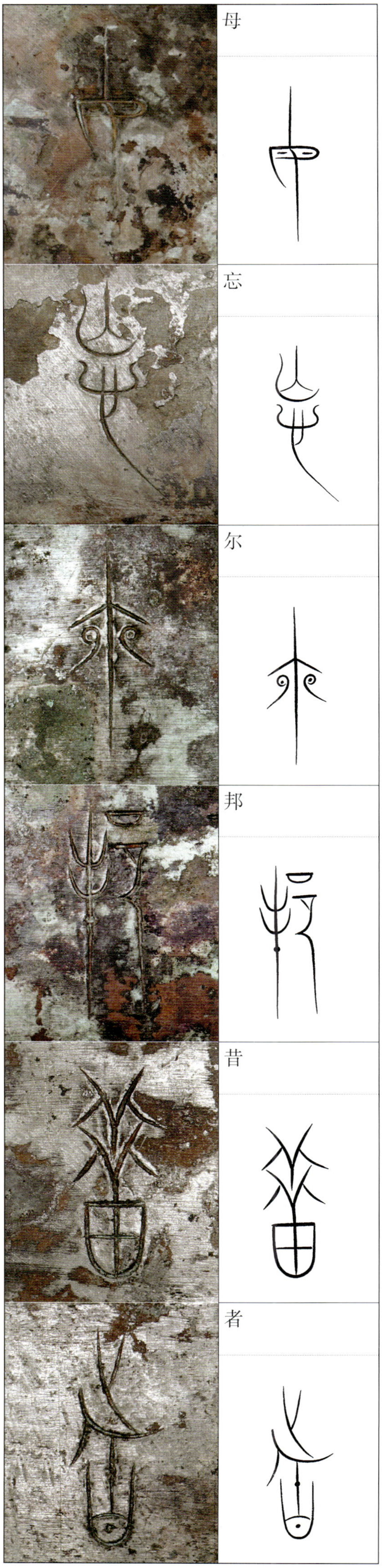
母
忘
尔
邦
昔
者

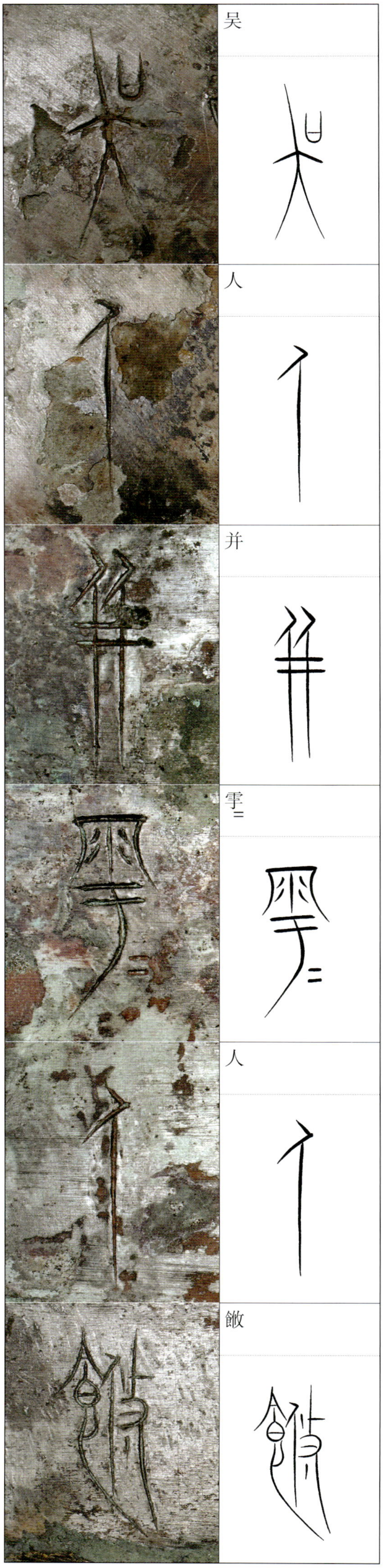
吴
人
并
雩=
人
敒

斅（教）備恁（信），五年覆吴，克并之至于

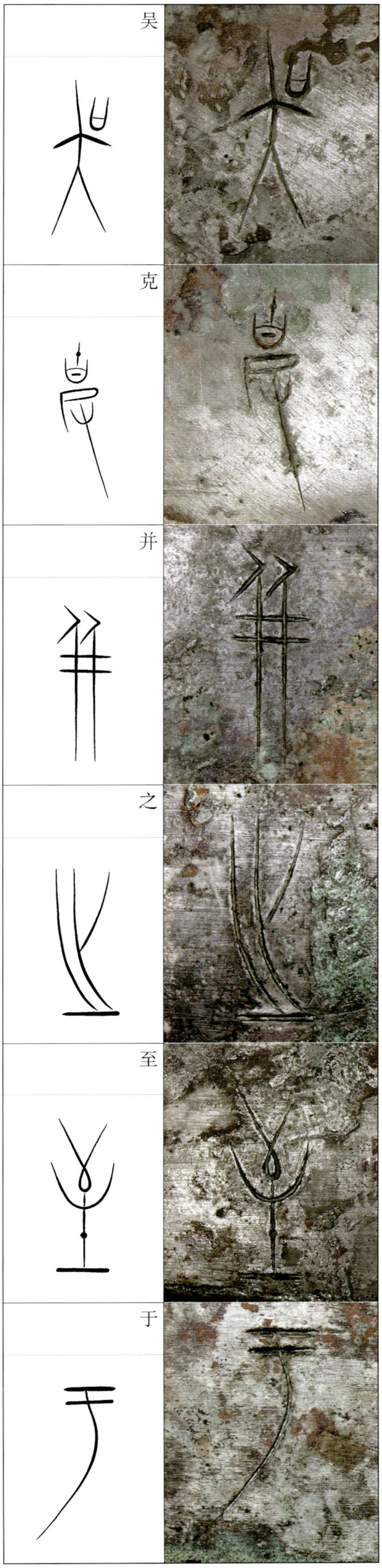

含（今）。尔母（毋）大而㥽（肆），母（毋）富而喬（驕），母（毋）眔

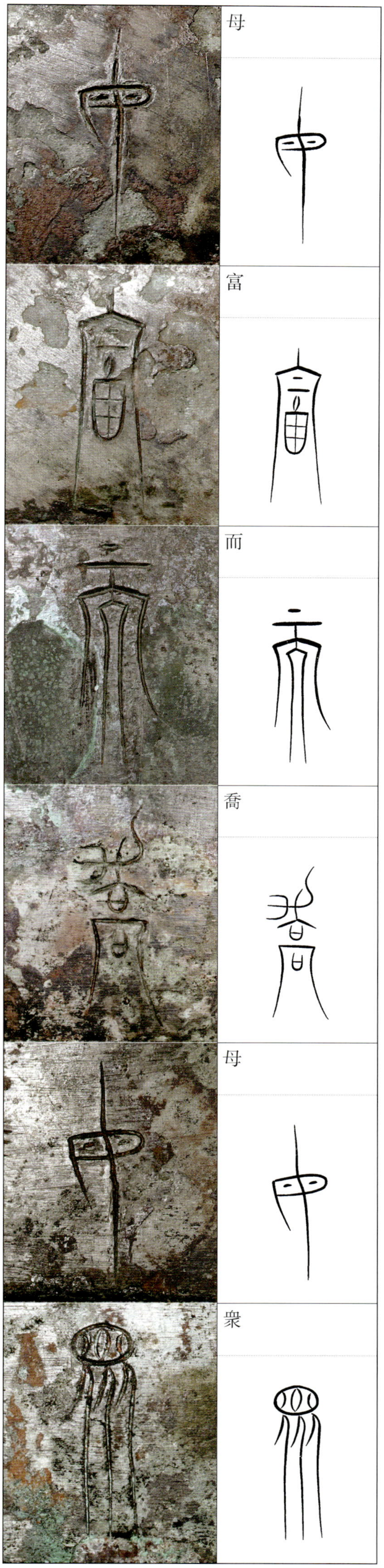

而嚻，叜（鄰）邦難新（親），戕（仇）人才（在）彷（旁）。於（嗚）虖（呼），

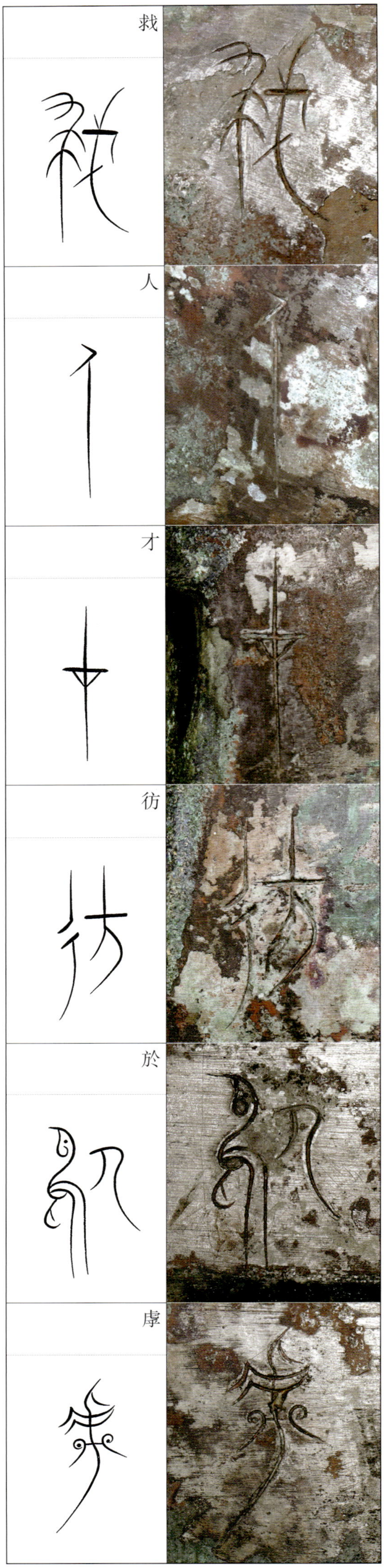

念（念）之䊷（哉）！子子孫孫，永定保之，母（毋）竝（替）氒（厥）

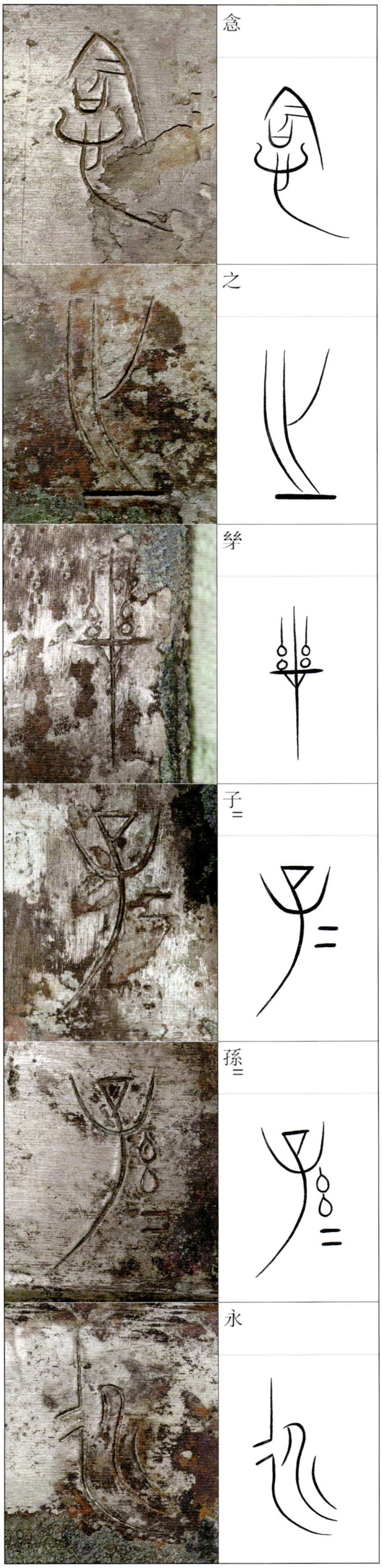

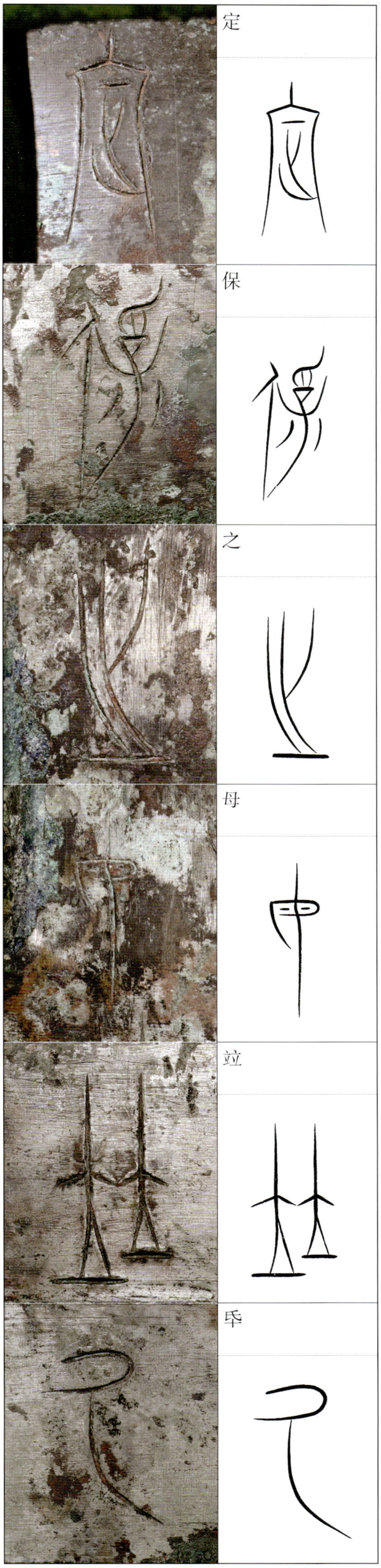

邦。

邦

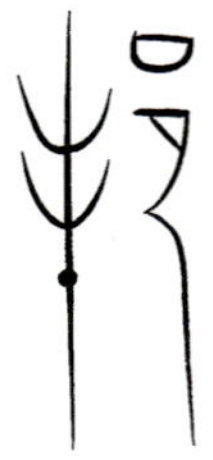

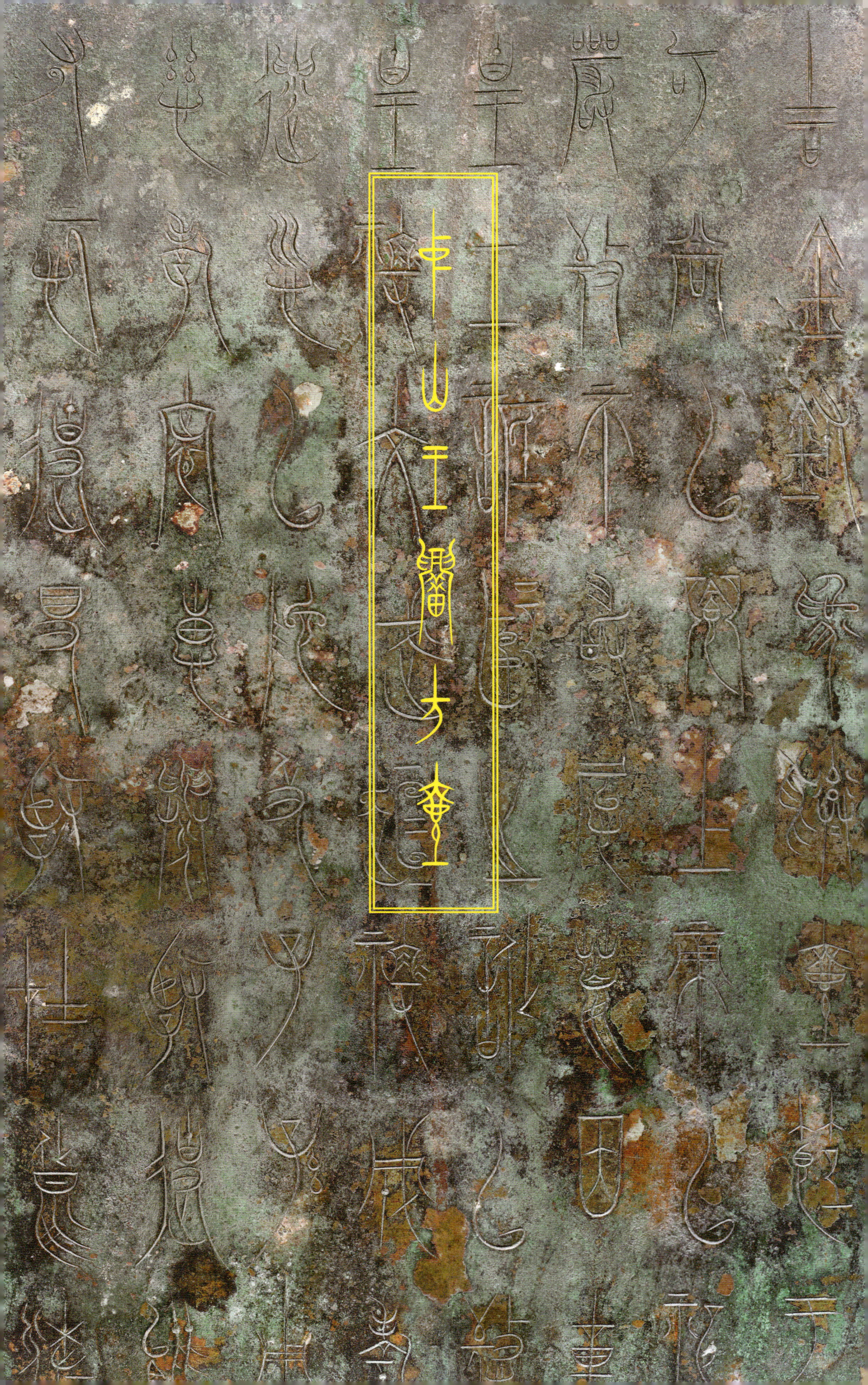

中山王𰀬方壶

通高63、最大径35厘米，重28.72千克；刻铭450字，内有重文3字、合文1字。

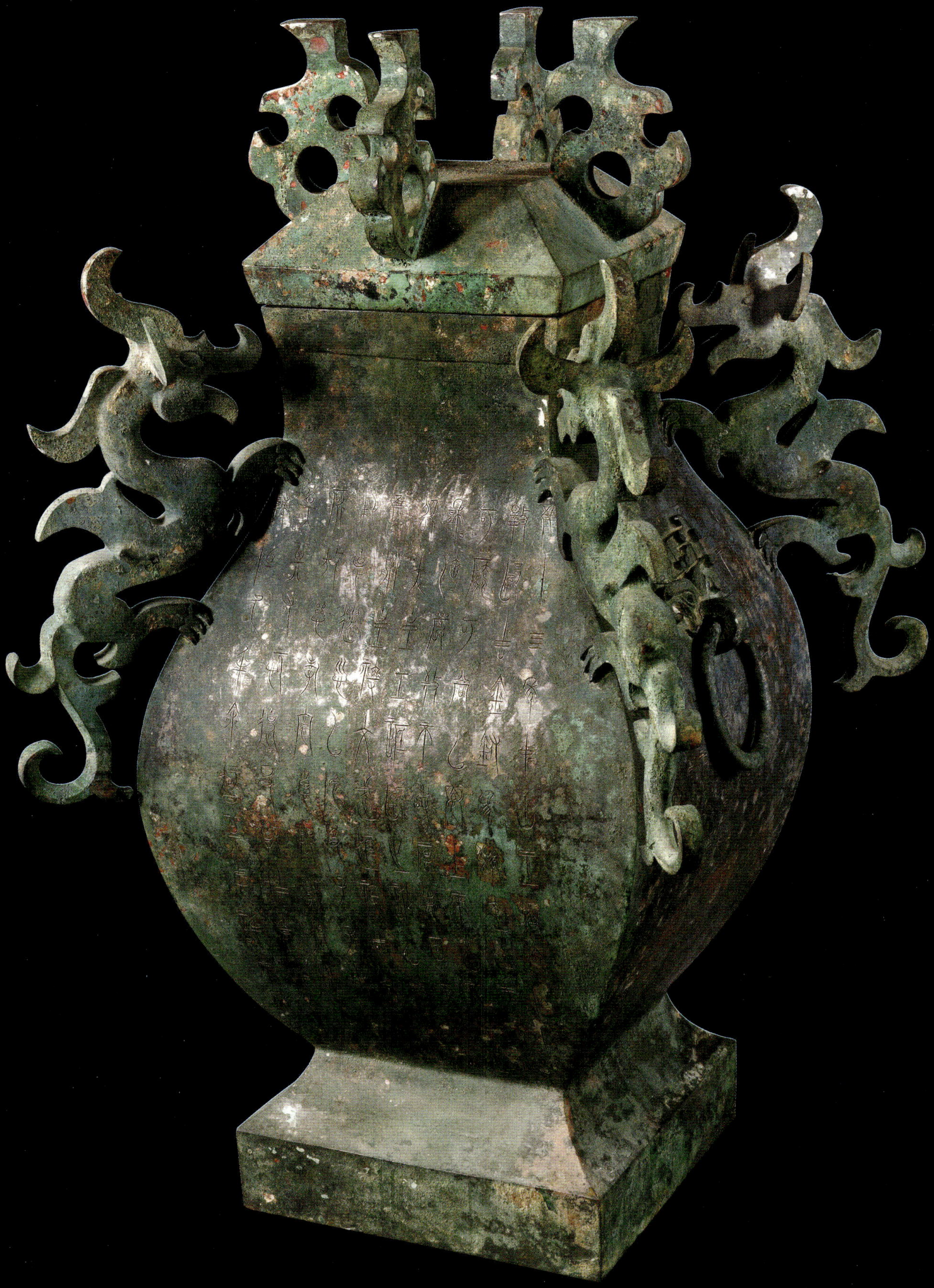

隹（惟）十三（四）年，中山王嚳命相邦賈，

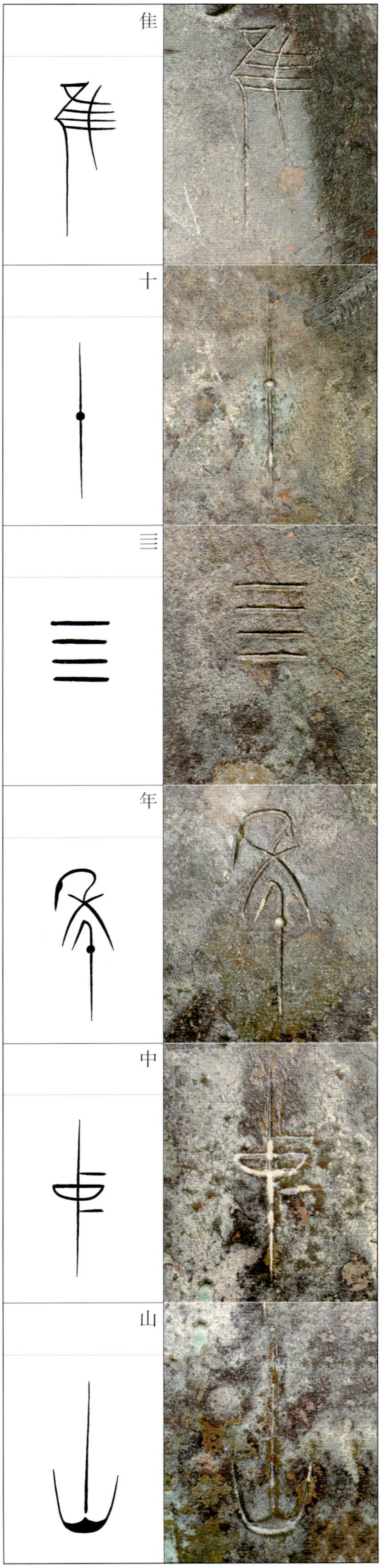

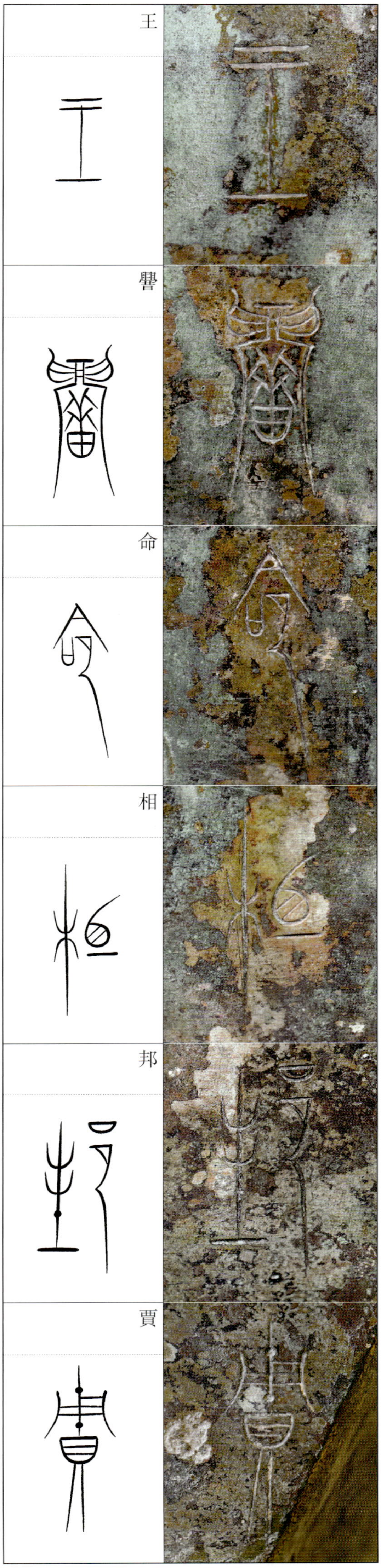

斁（擇）郾（燕）吉金，鉜（鑄）爲彝壺，節于醺（禋）醻（盦），

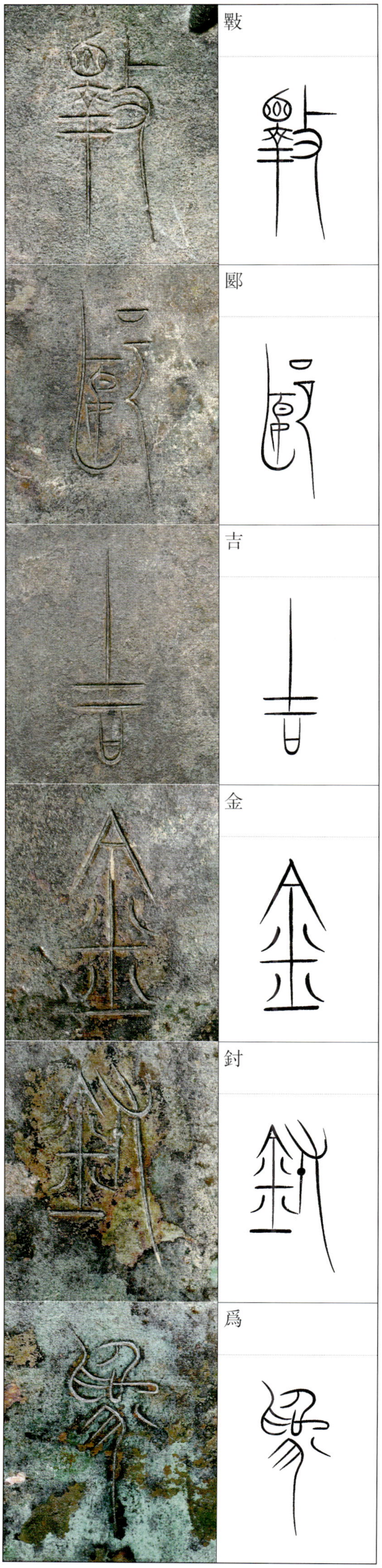

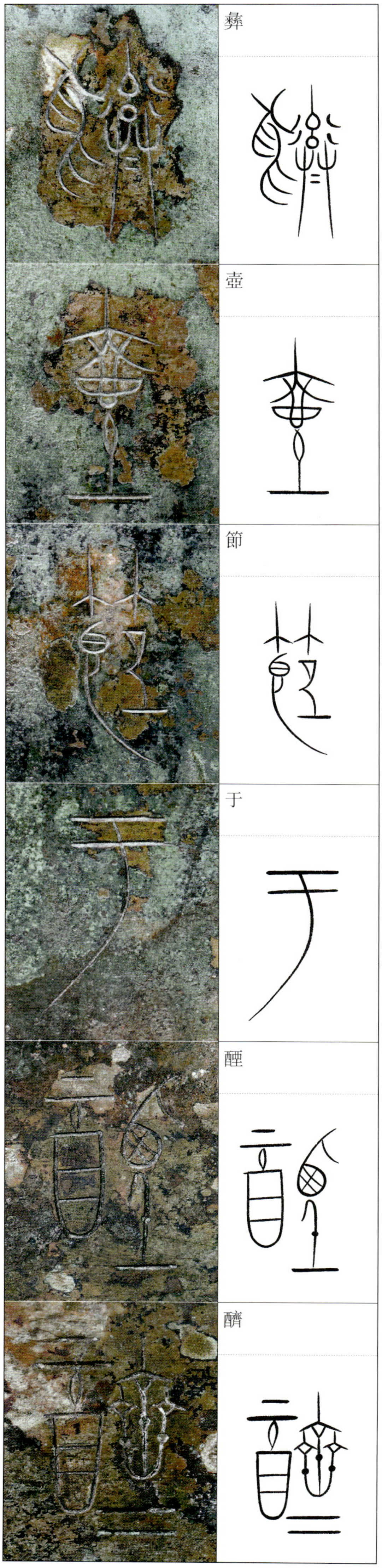

可灋（法）可尚，吕（以）卿（饗）上帝，吕（以）祀先王。

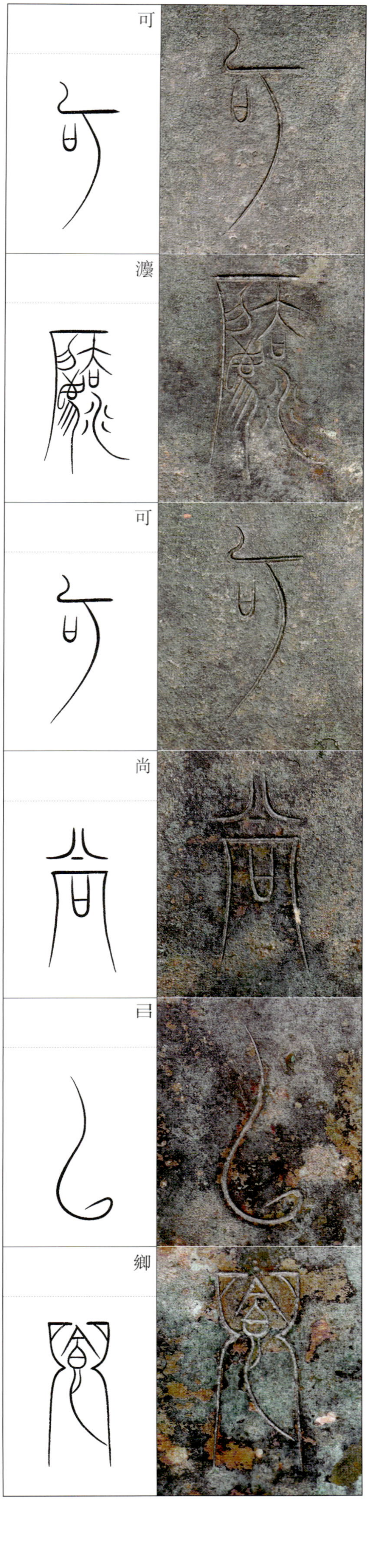

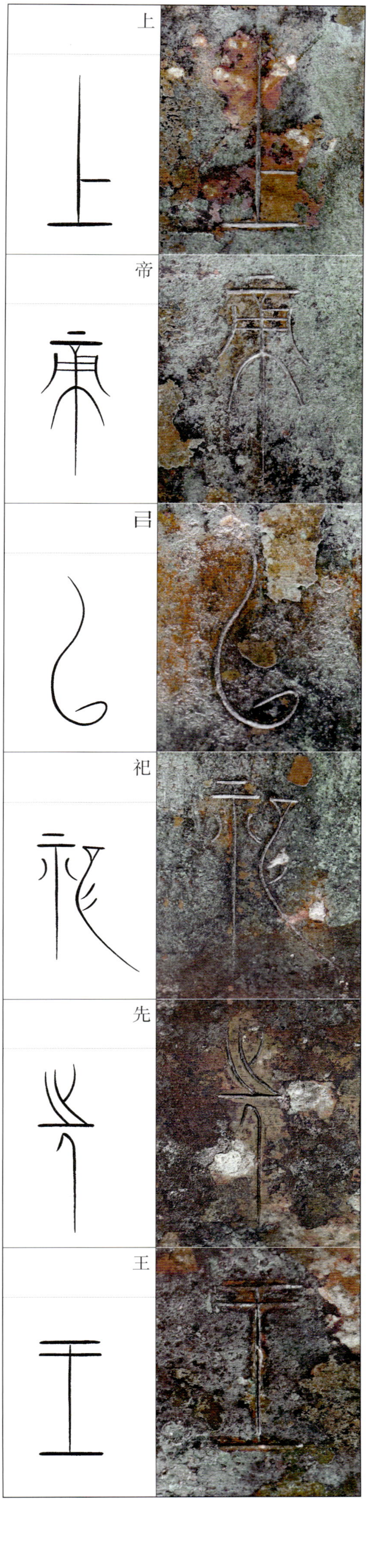

穆穆濟濟，嚴敬不敢扆（怠）荒，因䡇（載）所美，

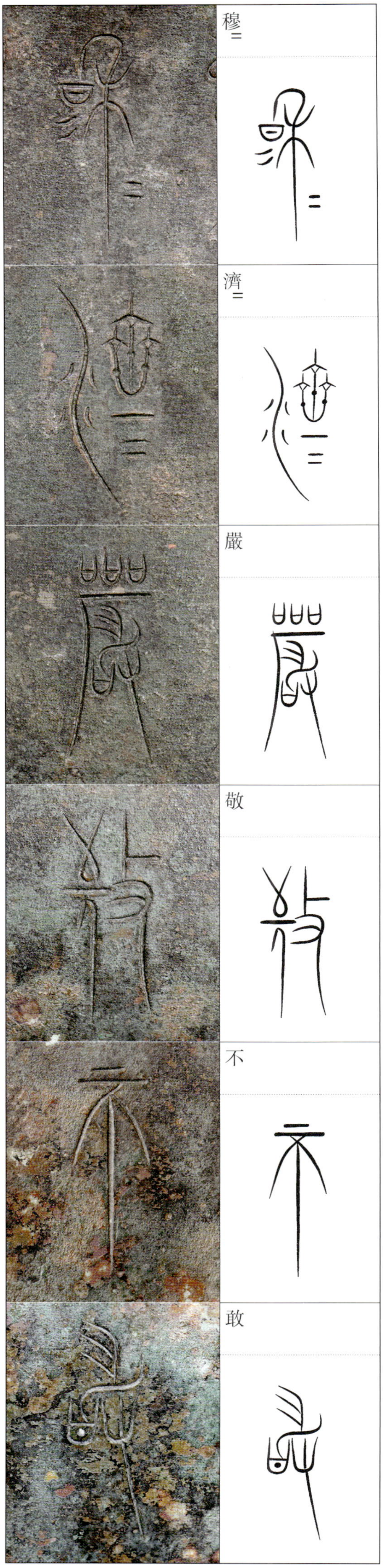

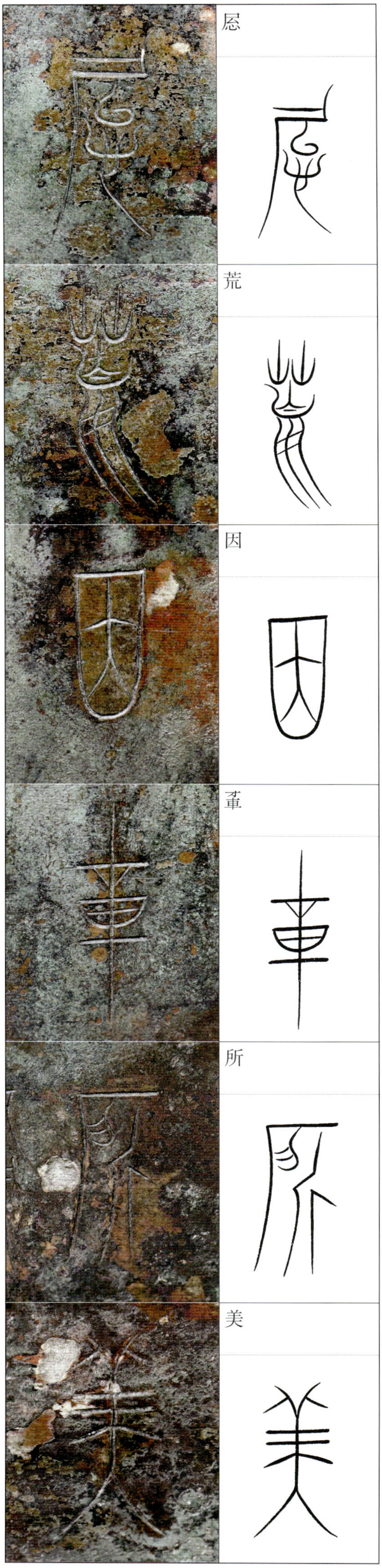

卲（昭）友皇工（功），誫（詆）郾（燕）之訛，㠯（以）憼（警）嗣王。

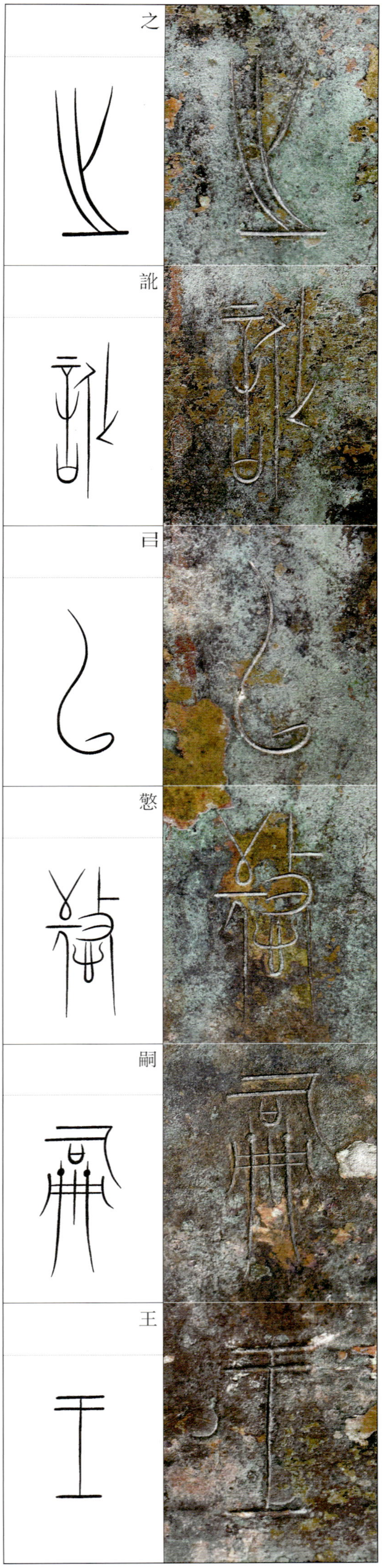

隹（惟）朕皇祖文、武、逗（桓）祖、成考，是又（有）

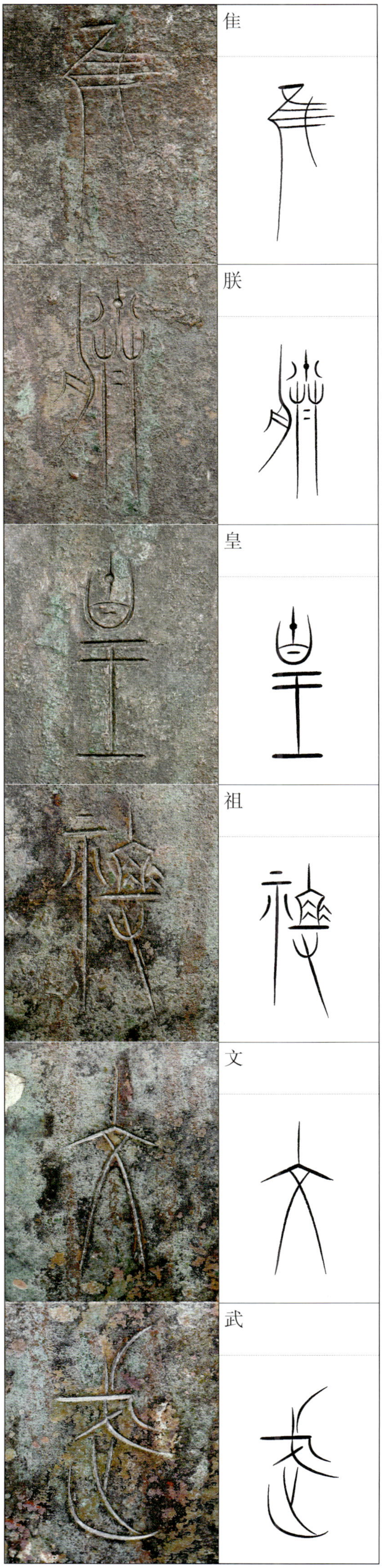

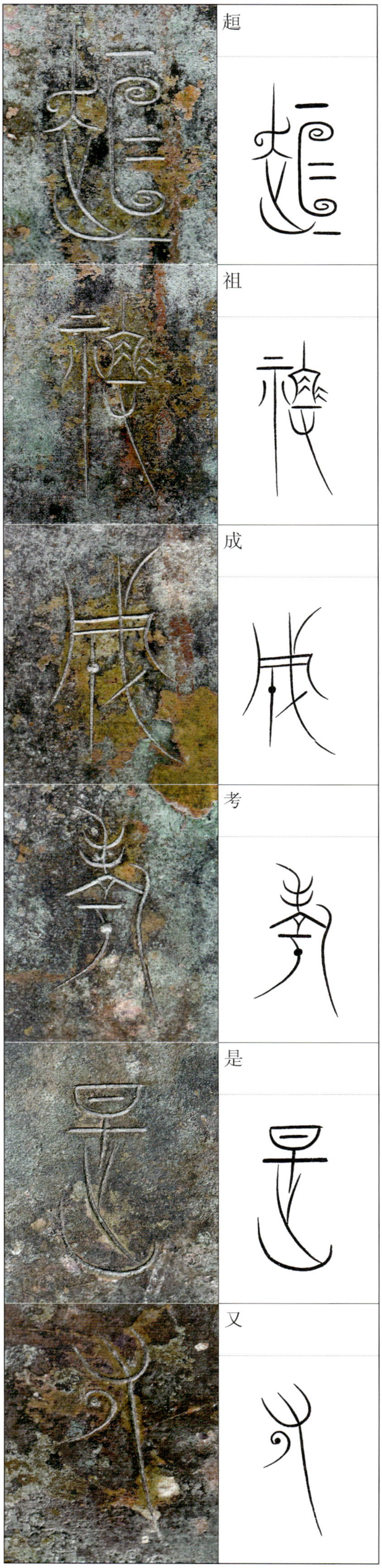

軘（純）悳（德）遺𢘊（訓），㠯（以）陀（施）及子孫，用隹（惟）朕

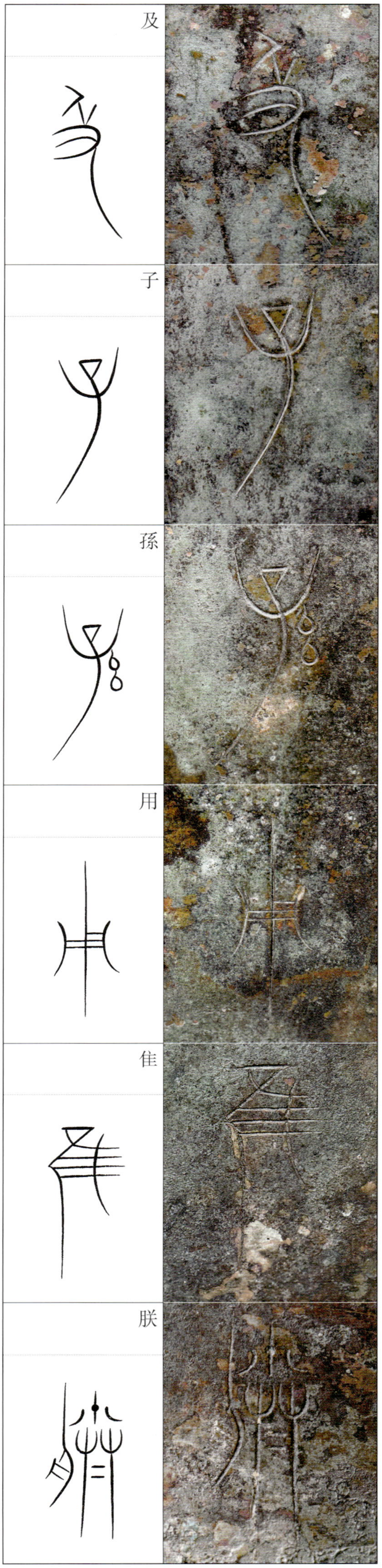

所

放

慈

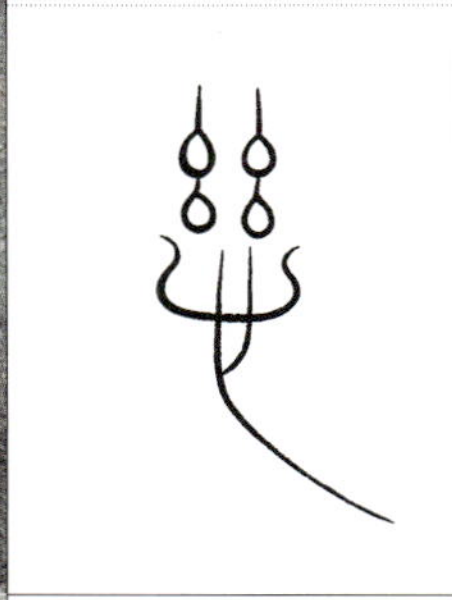

孝

寰

惠

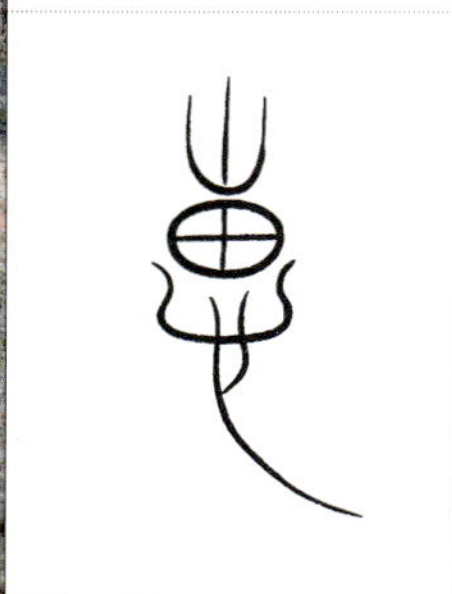

𦦻

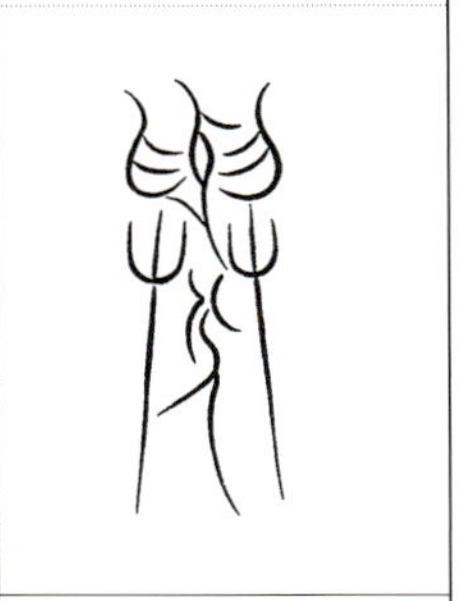

孯

速

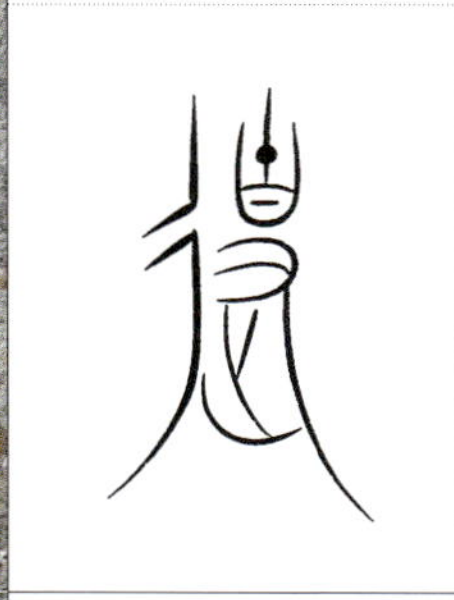

能

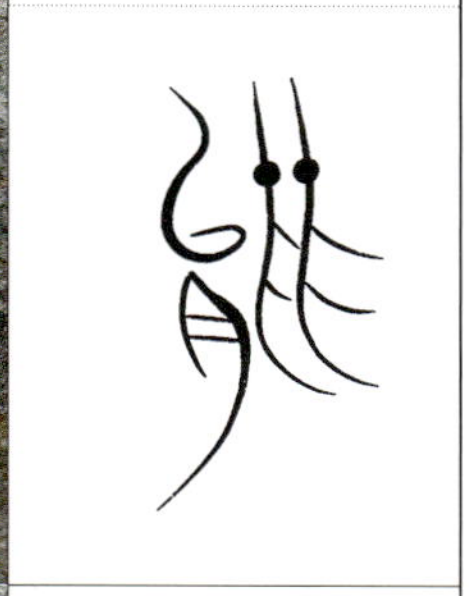

天

不

所放（倣）。慈孝寰（宣）惠，𦦻（舉）孯（賢）速（使）能，天不

臭（斁）其又（有）忨（願），逋（使）旻（得）臤（賢）在（才）良猨（佐）賈，㠯（以）

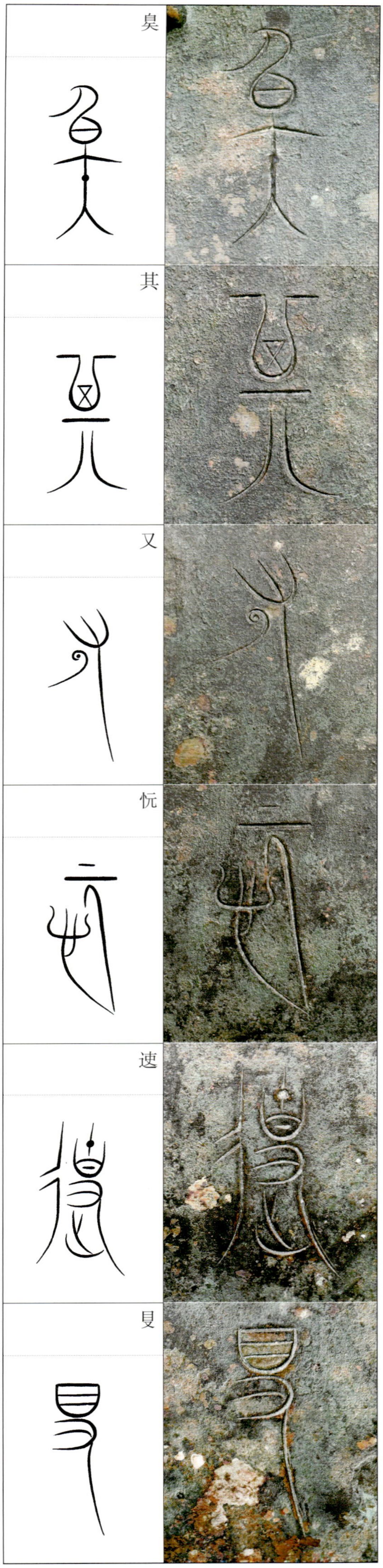

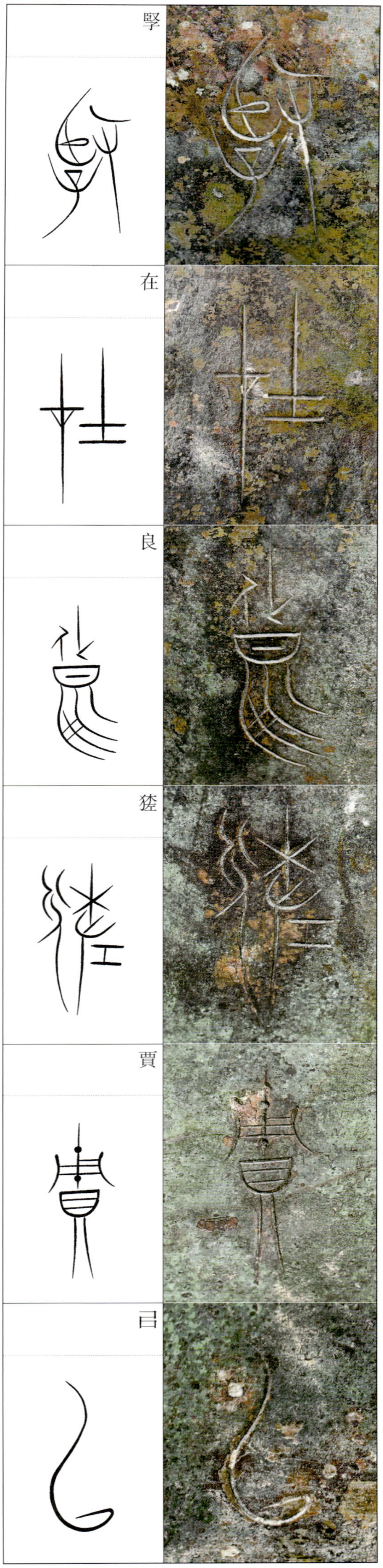

輔相氒（厥）身。余智（知）其忠諿（信）施（也），而謱（屬）

輔

相
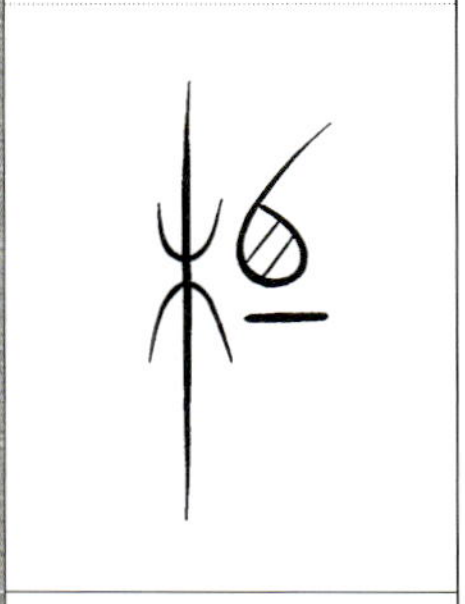

氒
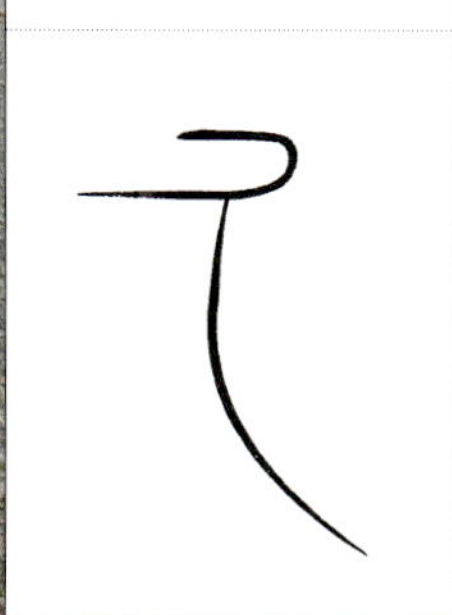

身

余

智

其

忠

諿

施

而
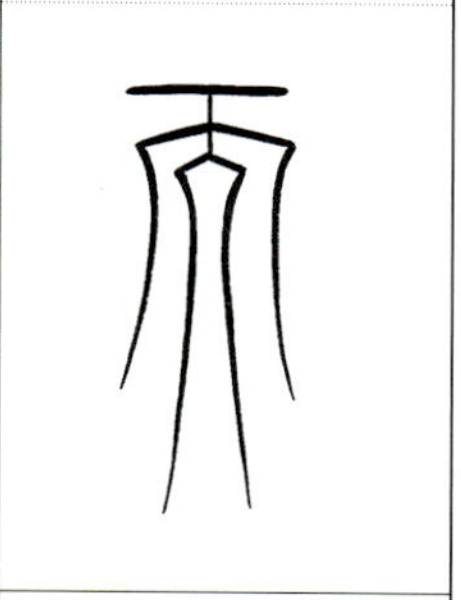

謱
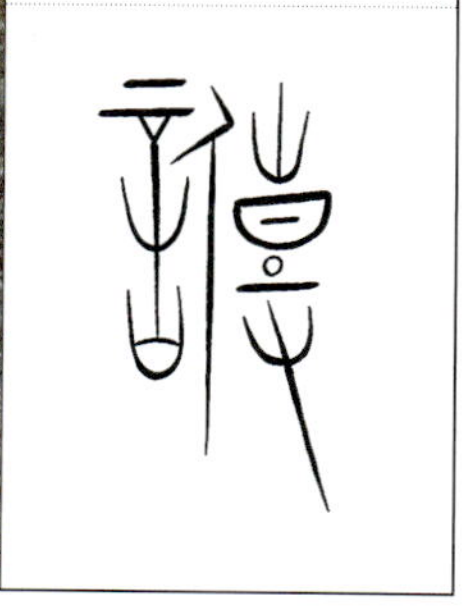

賃（任）之邦，氏（是）㠯（以）遊夕歓（飲）飤（食），寍（寧）又（有）窸（遽）

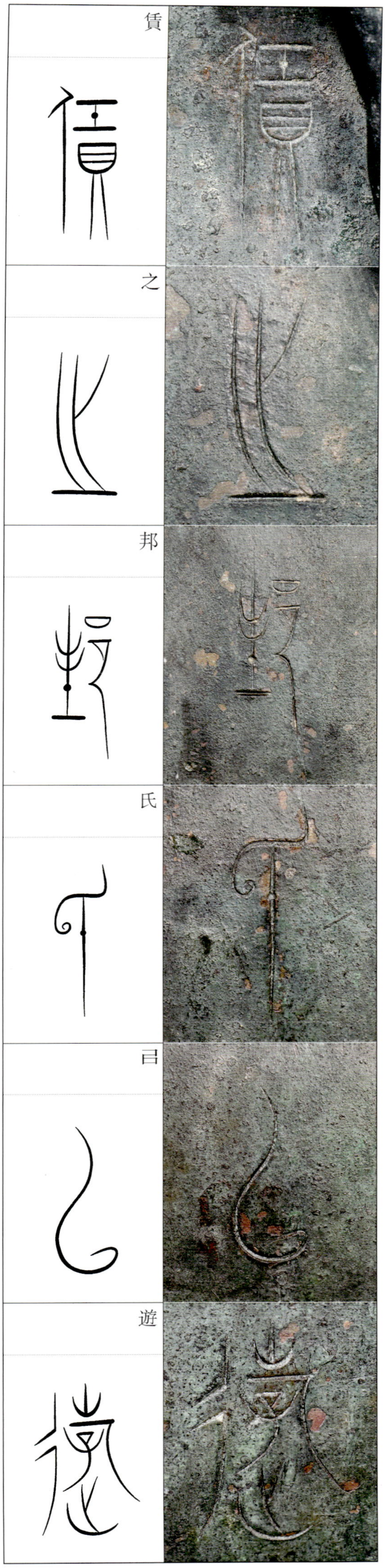

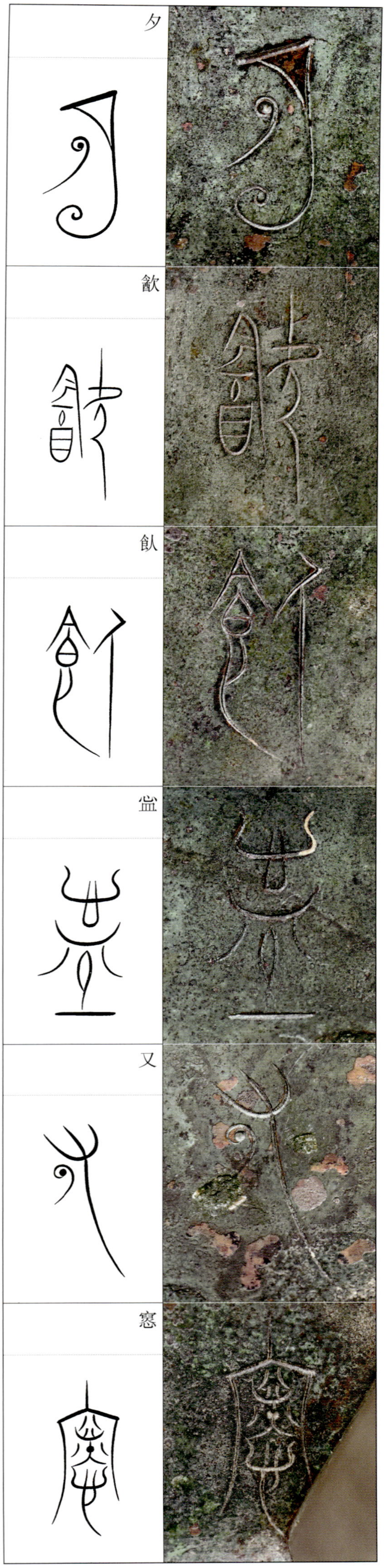

煬（惕）。賈渴（竭）志盡忠，㠯（以）㺃（左）右氒（厥）闢（辟），不

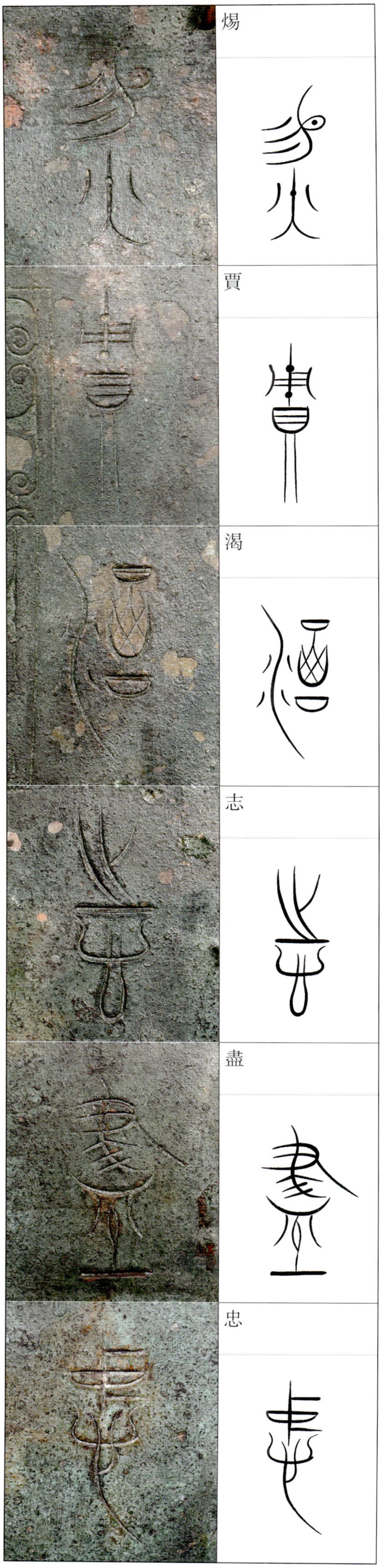

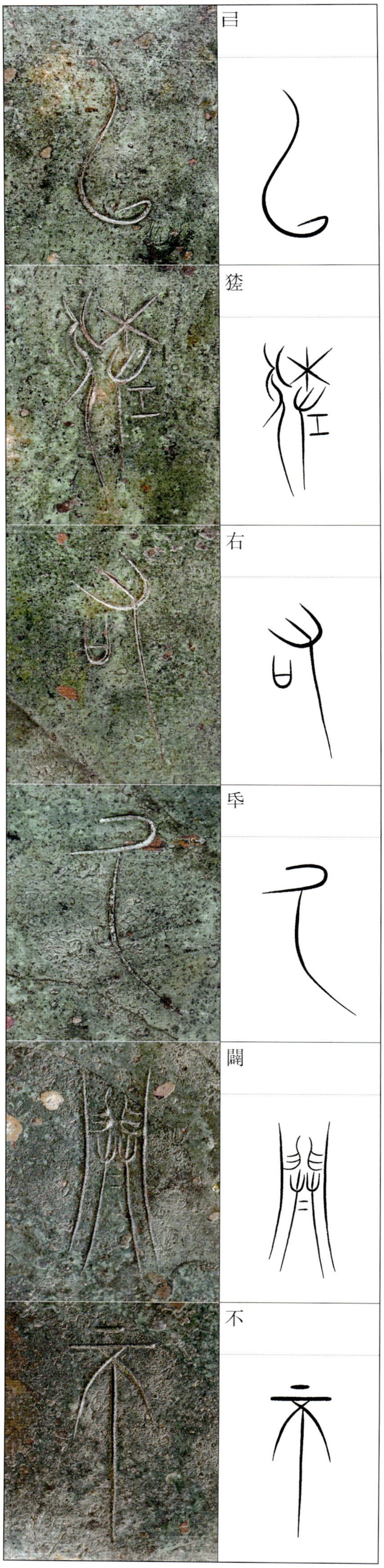

⿰月弋（貳）其心，受賃（任）⿰犭差（佐）邦，夙夜篚（匪）解（懈），進

⿰月弋

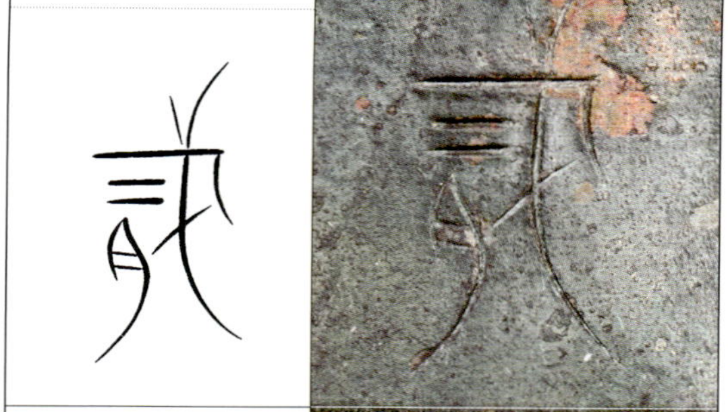

其

心

受

賃

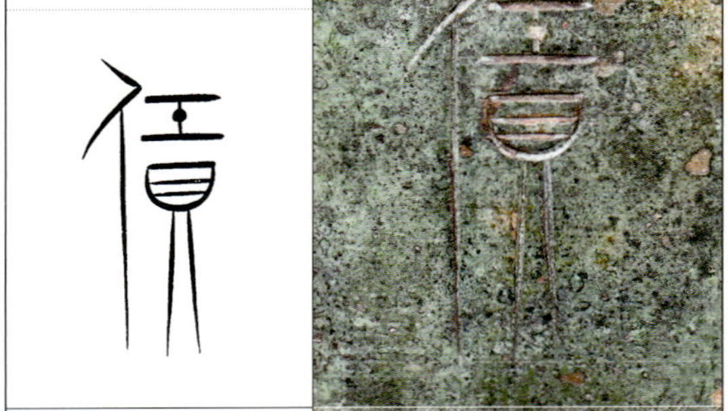

⿰犭差

邦

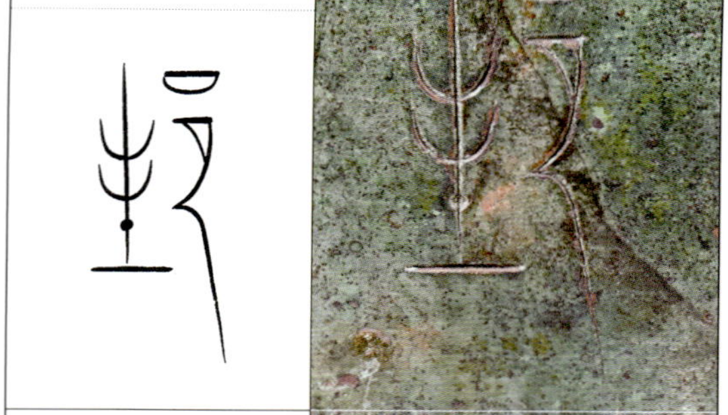

夙

夜

篚

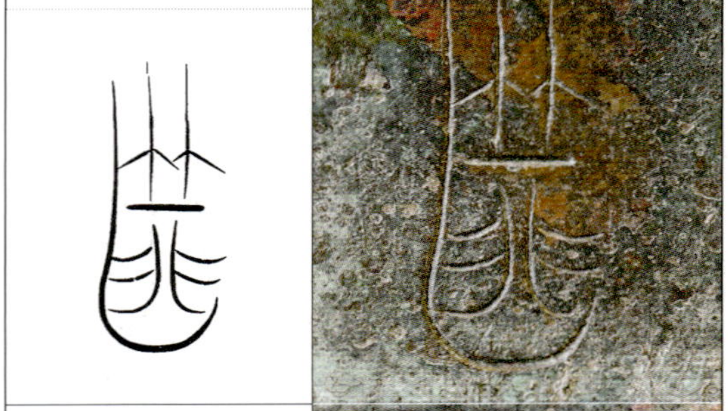

解

進

臤（賢）散（措）能，亡（無）又（有）韓（常）息，吕（以）明闢（辟）光。僑（適）

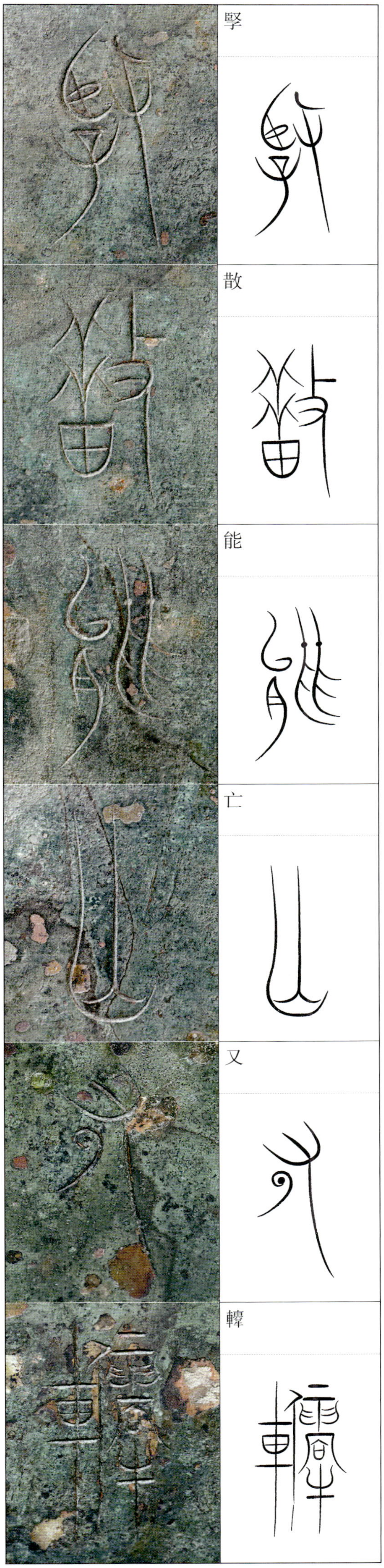

曹（遭）郾（燕）君子徻（噲）不⿰馬頁（顧）大宜（義），不⿱雈臼（舊）者（諸）

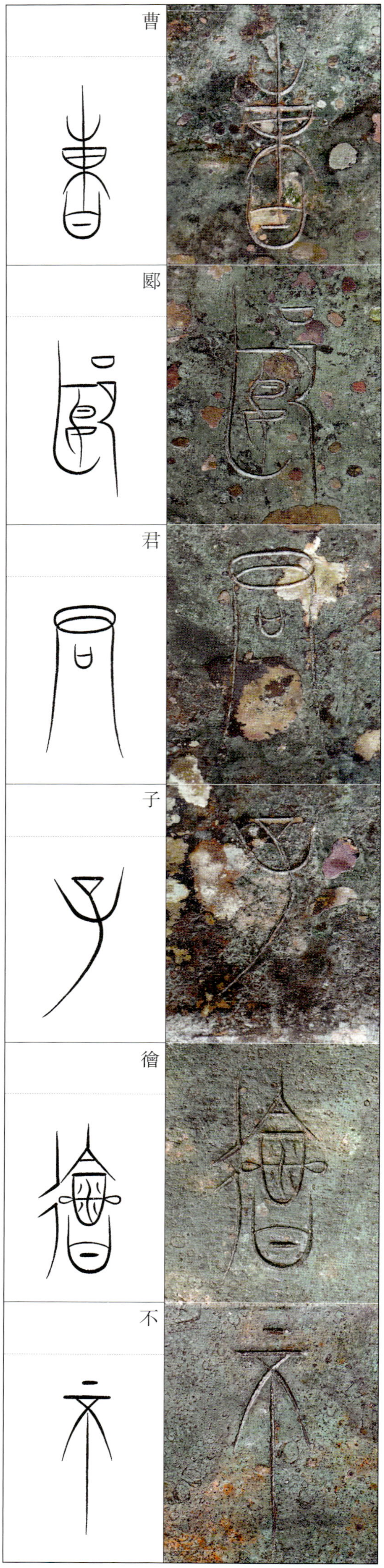

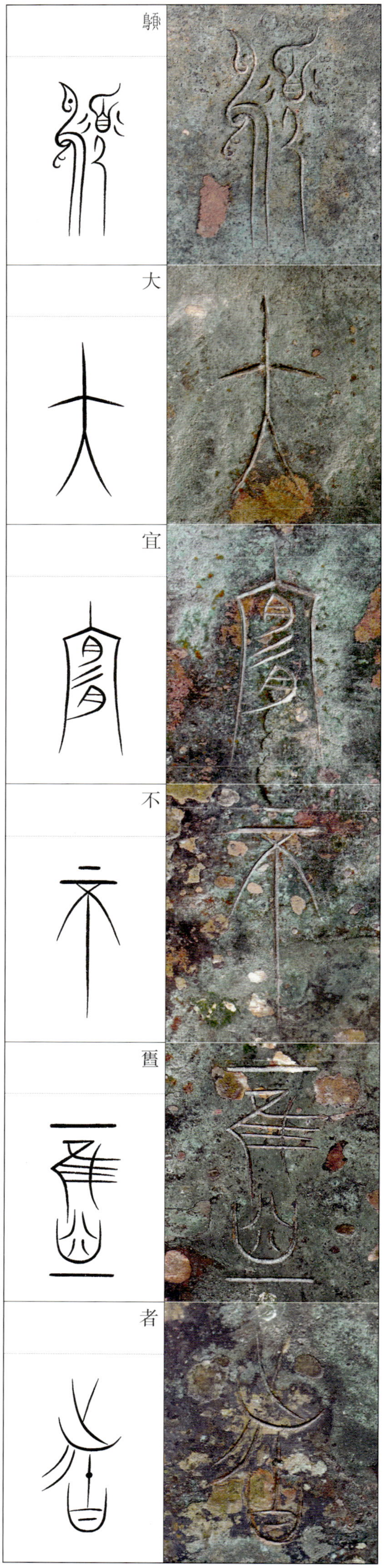

侯，而臣宔（主）易立（位），㠯（以）内𢇍（絕）邵（召）公之

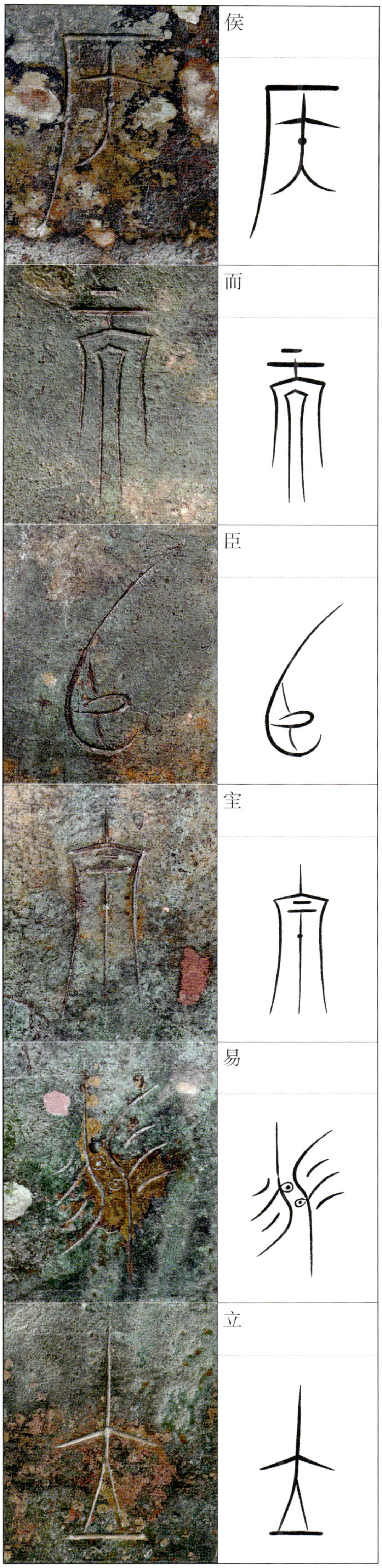

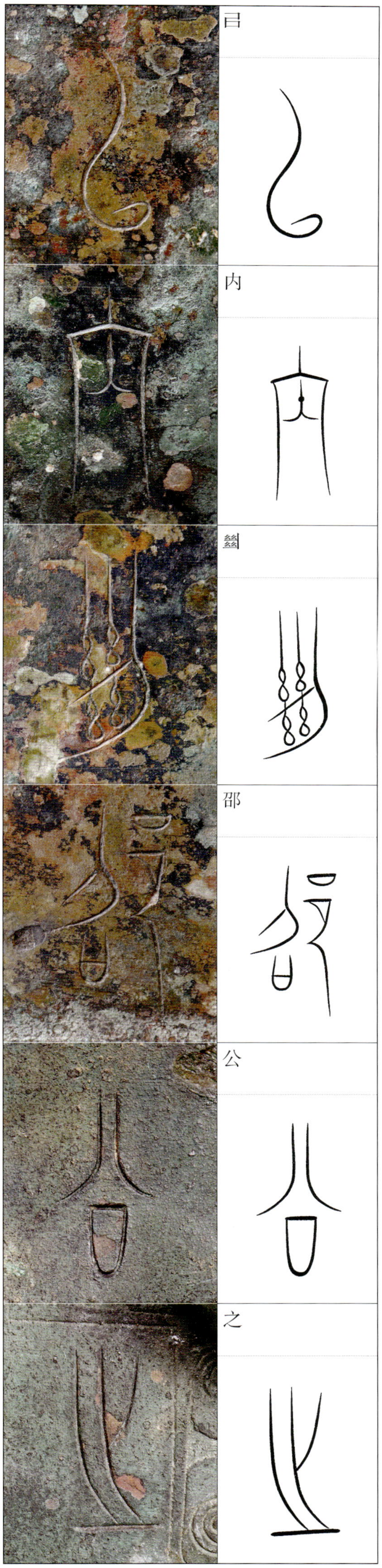

業，乏其先王之祭祀，外之則𨠵（將）

業

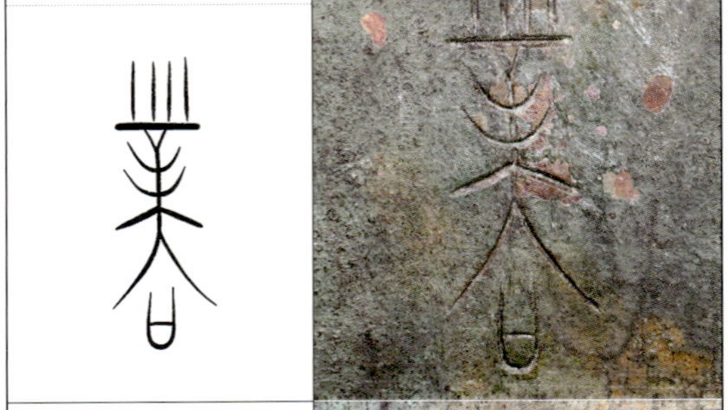

乏

其

先

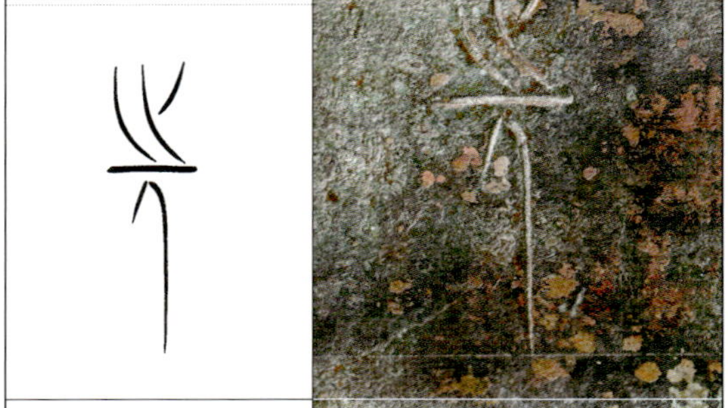

王

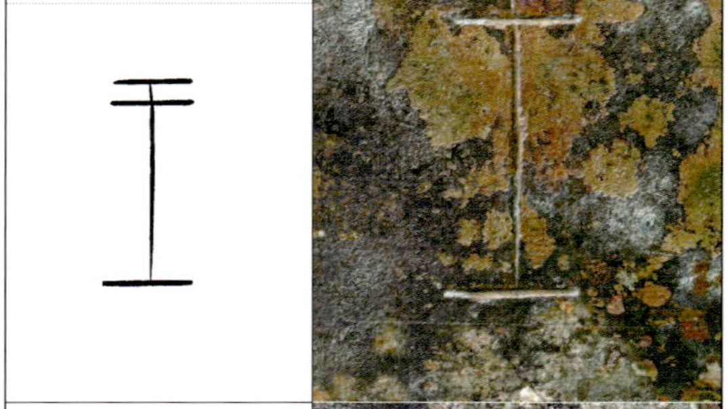

之

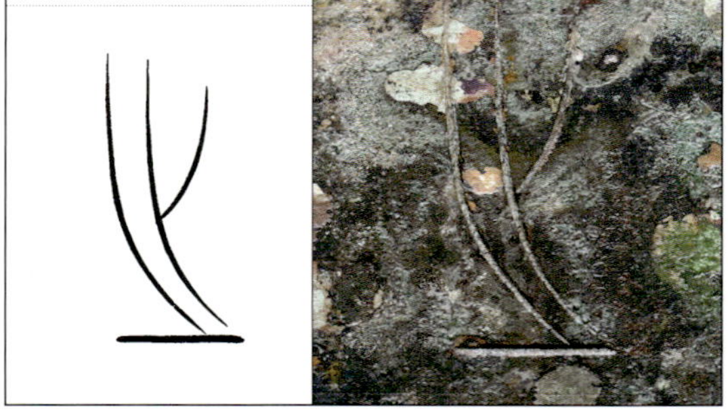

祭

祀

外

之

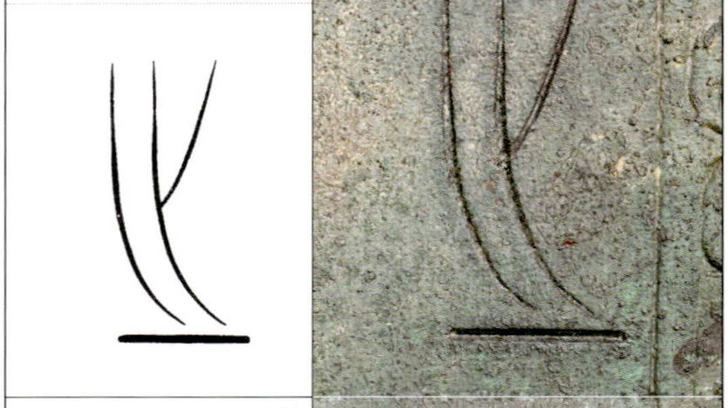

則

𨠵

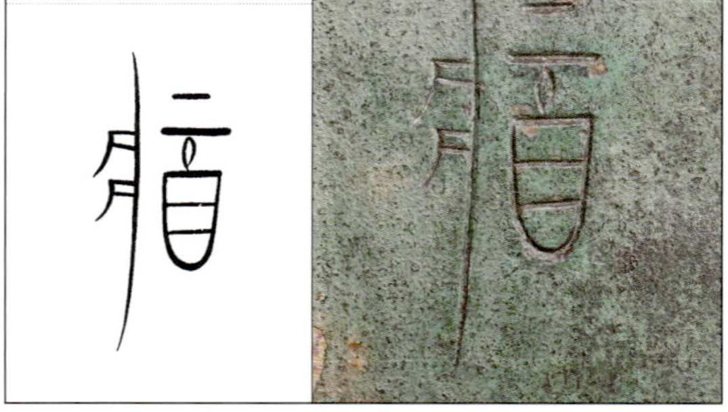

速

堂

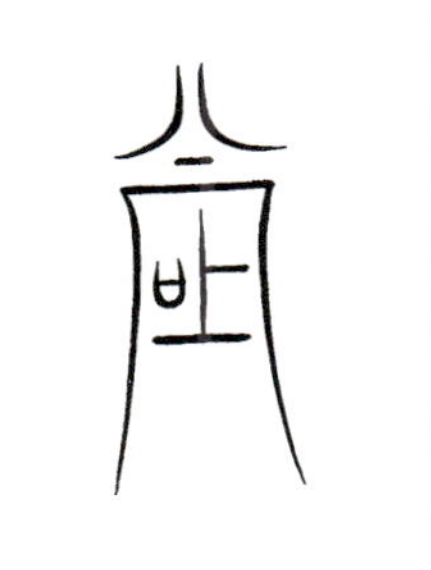
勤

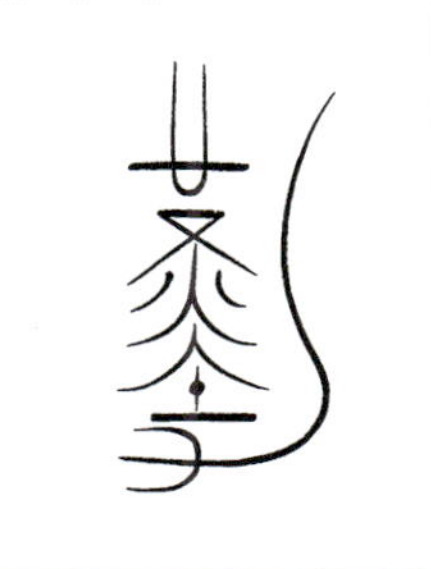
於

天

子

之

庿

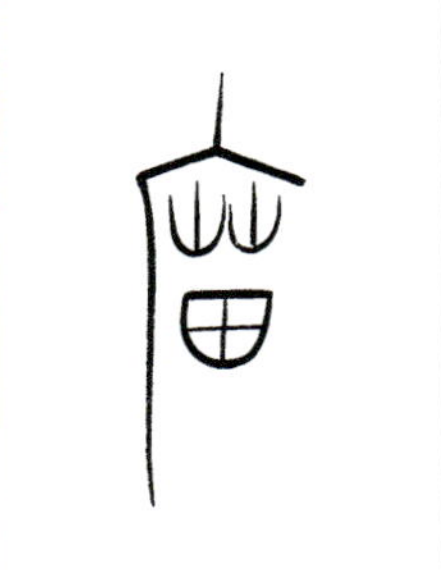
而

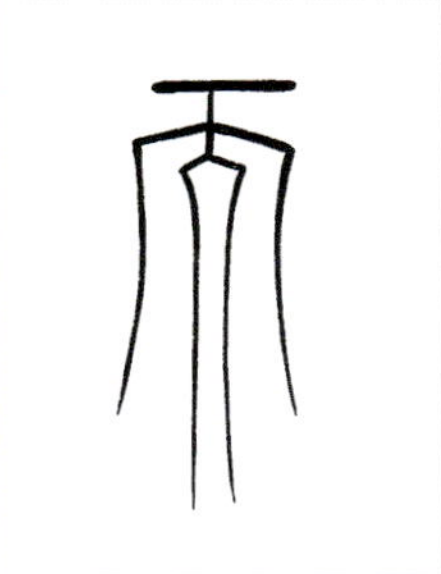
退

與

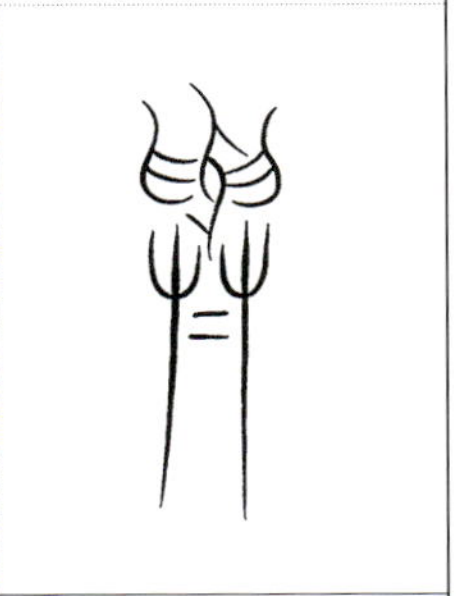
者

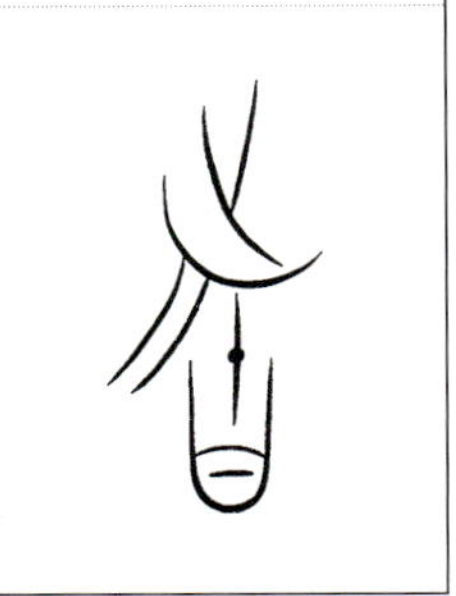

速（使）堂（上）勤（覲）於天子之庿（廟），而退與者（諸）

侯齒⿺辶長（長）於⿺辶會（會）同，則堂（上）逆於天，下

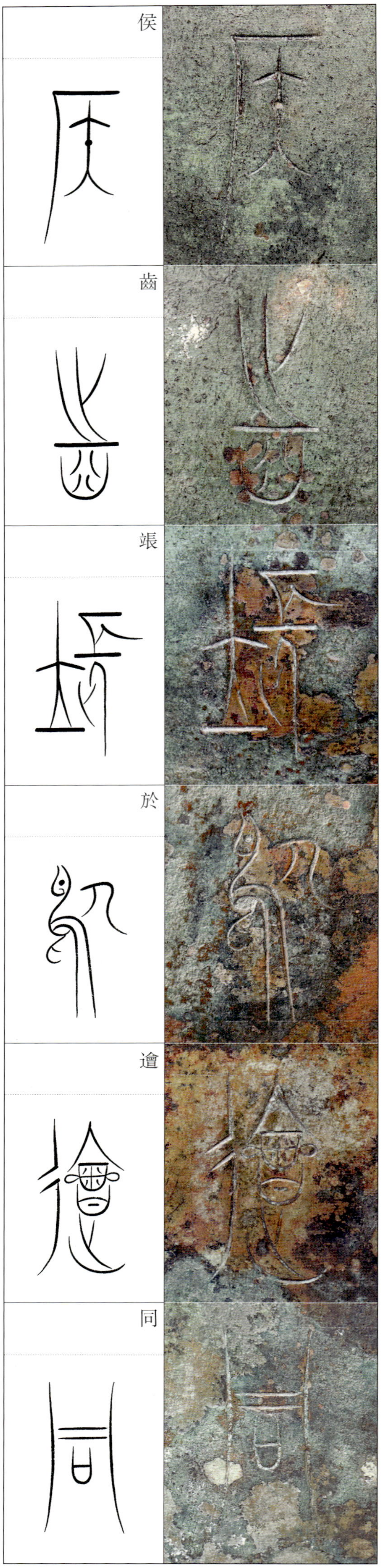

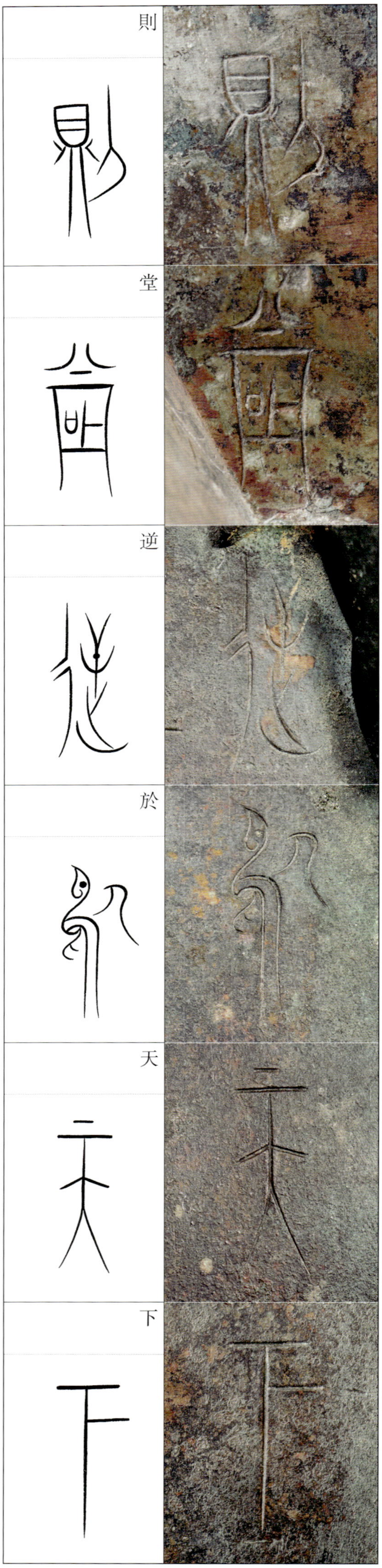

不𢖻（順）於人施（也），須（寡）人非之。賈曰：爲

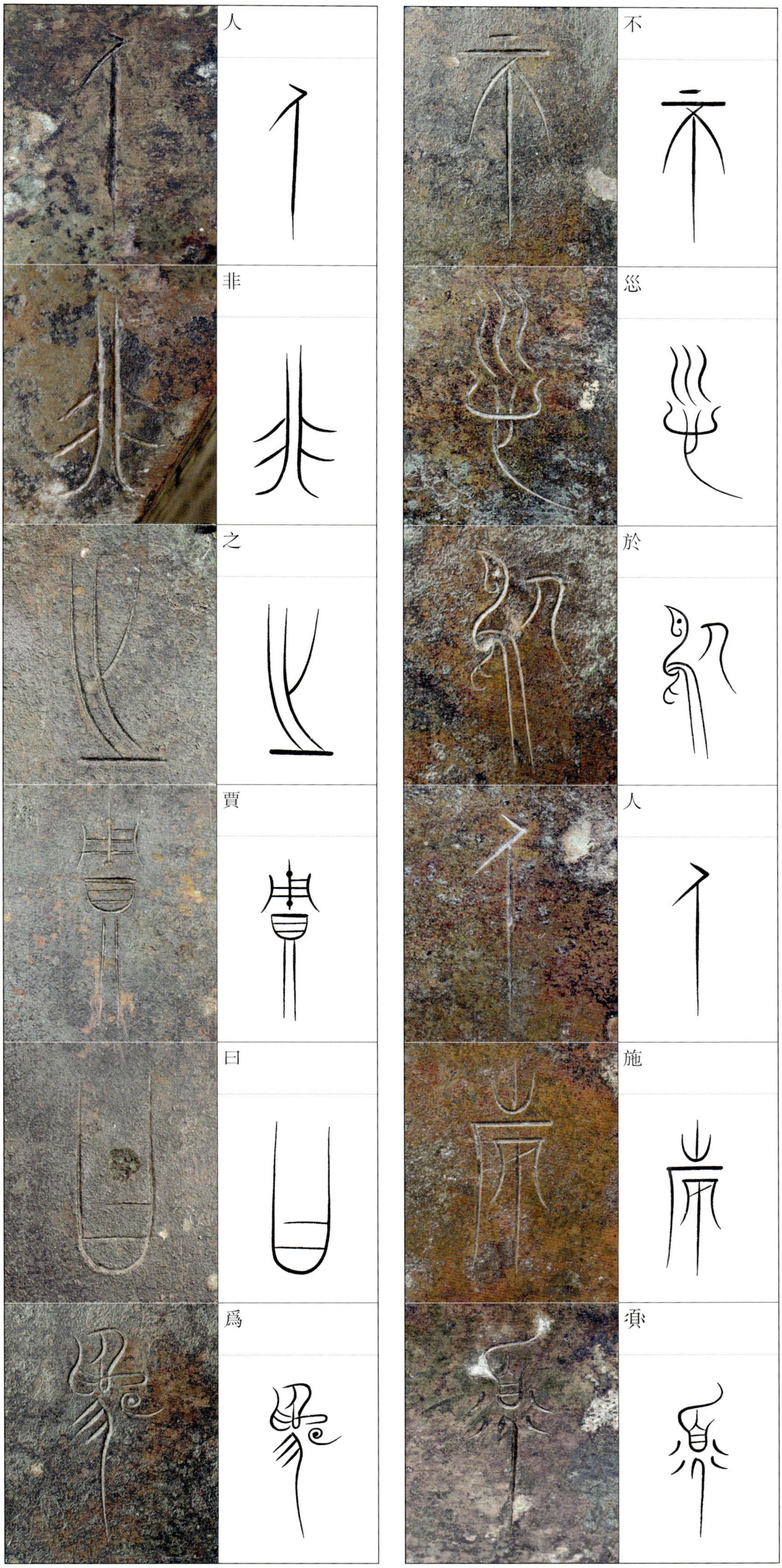

人臣而彶（反）臣其宔（主），不羕（祥）莫大焉。

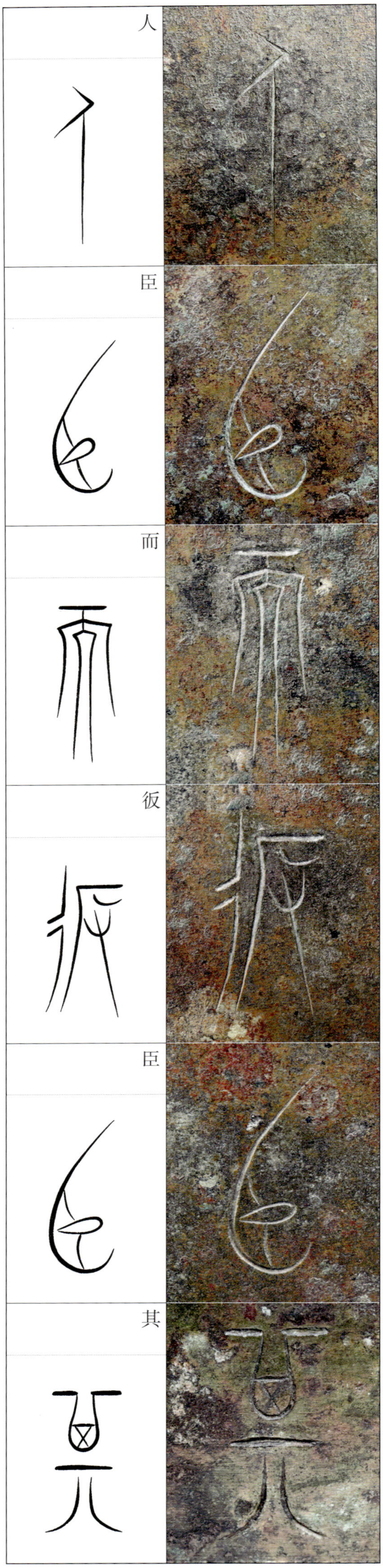

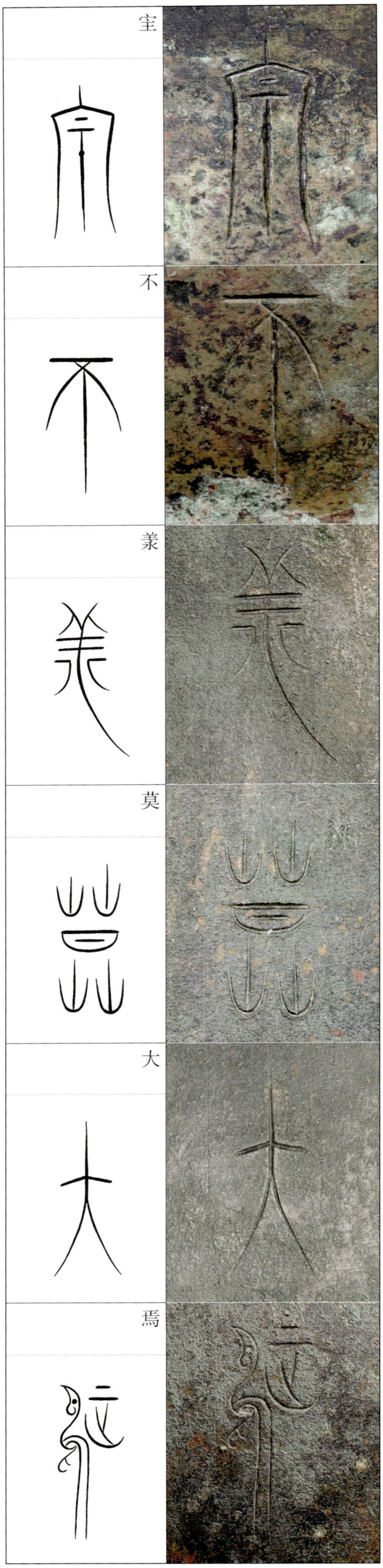

⿰爿酉（將）與盧（吾）君並立於殜（世），齒⿰立長（長）於⿺辶會（會）

⿰爿酉

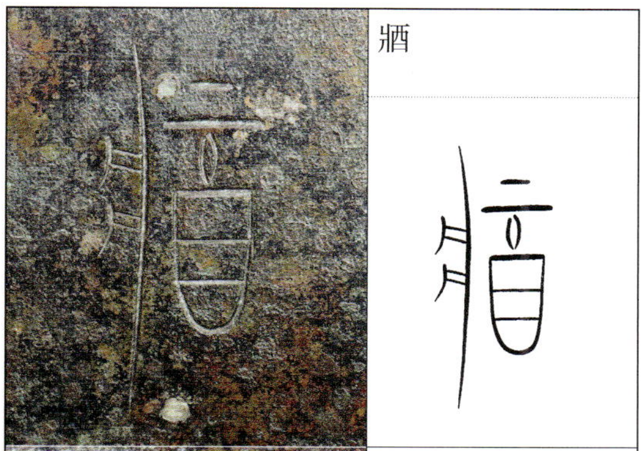

與

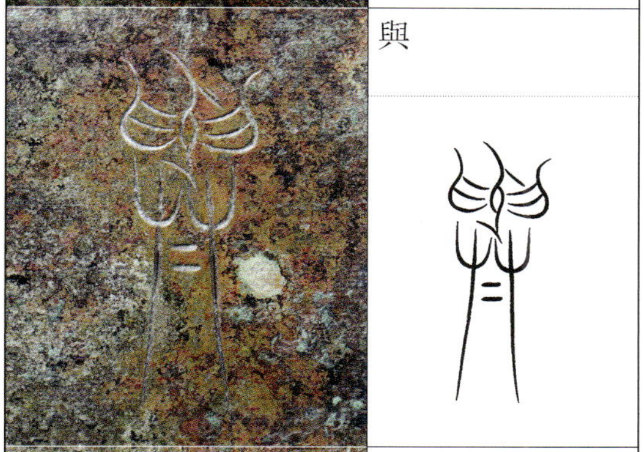

盧

君

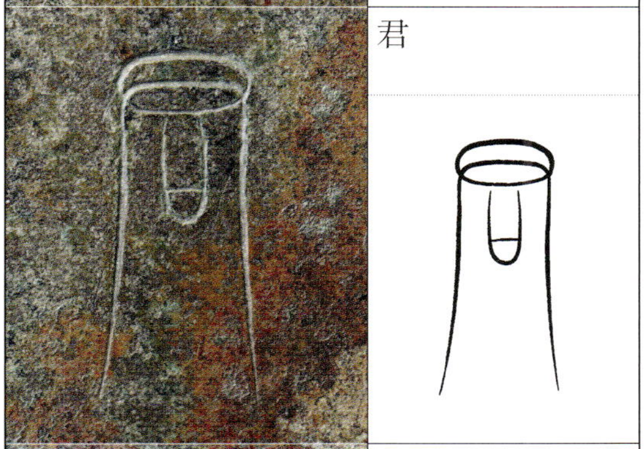

並

立

於

殜

齒

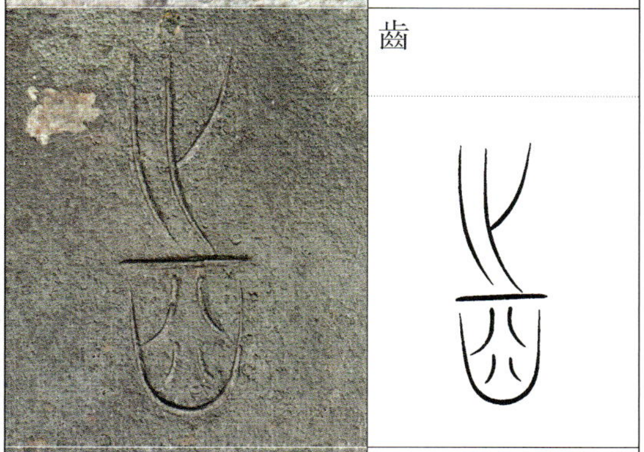

⿰立長

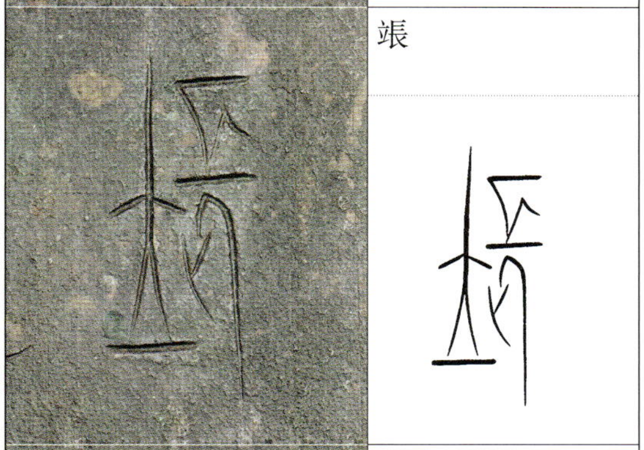

於

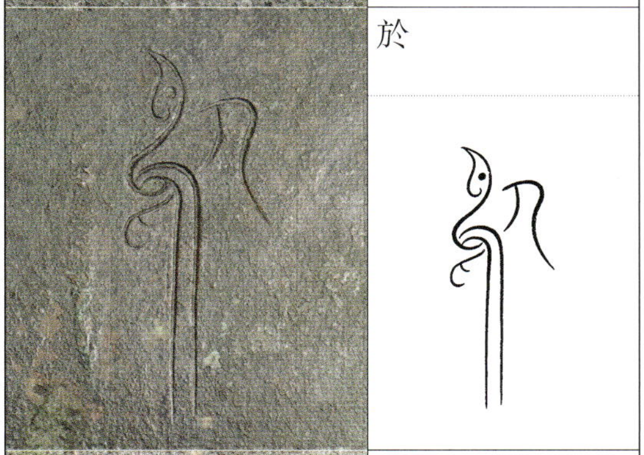

⿺辶會

同，則臣不忍見施（也）。賈忨（願）𣥒（從）在（士）大夫，

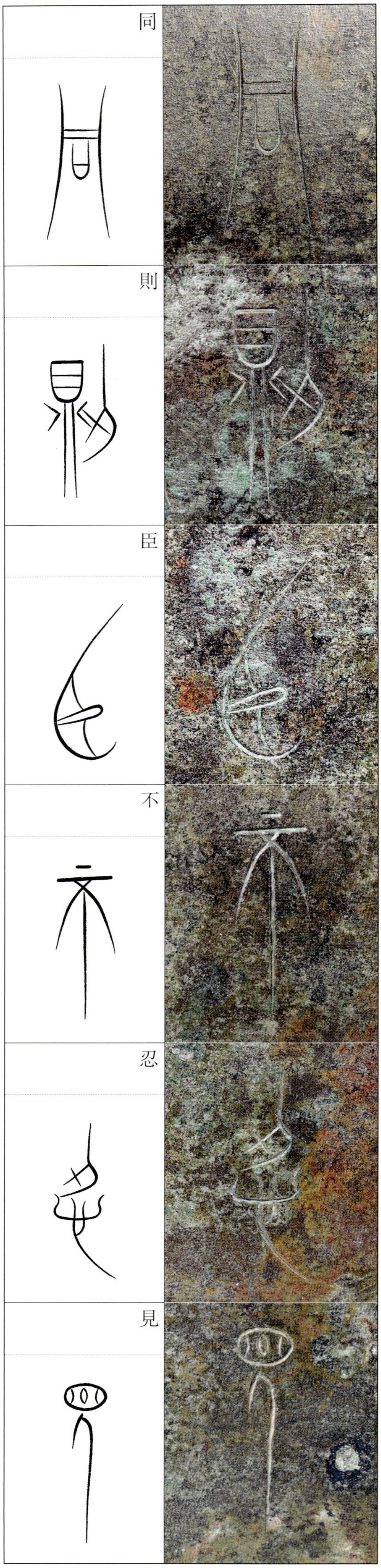

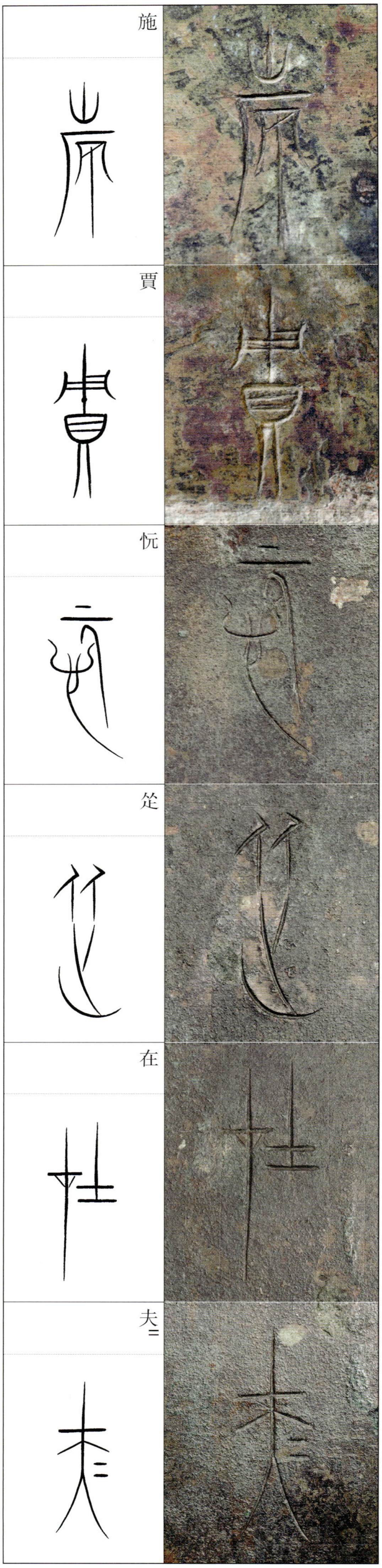

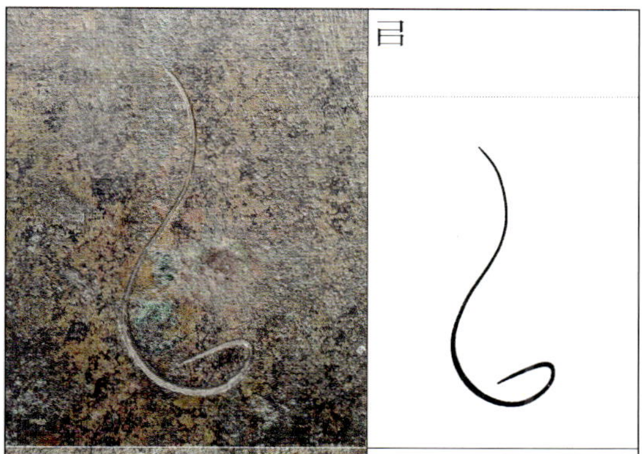
㠯

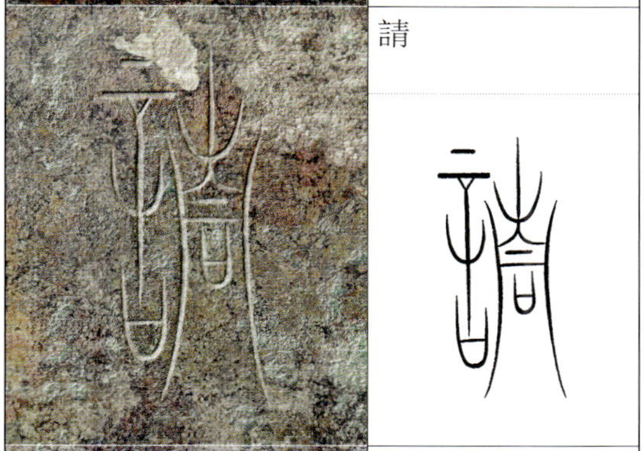
請

郾

彊

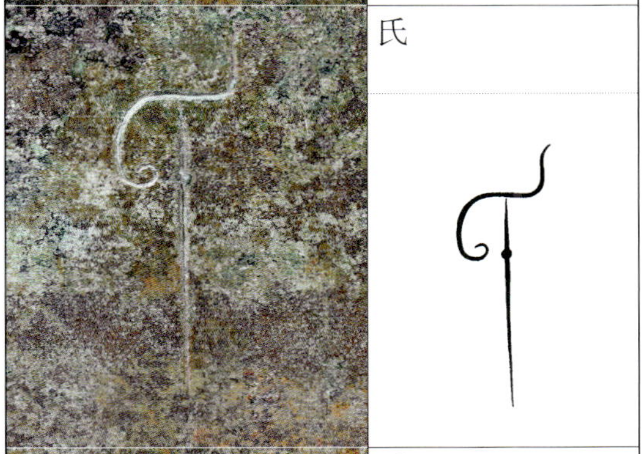
氏

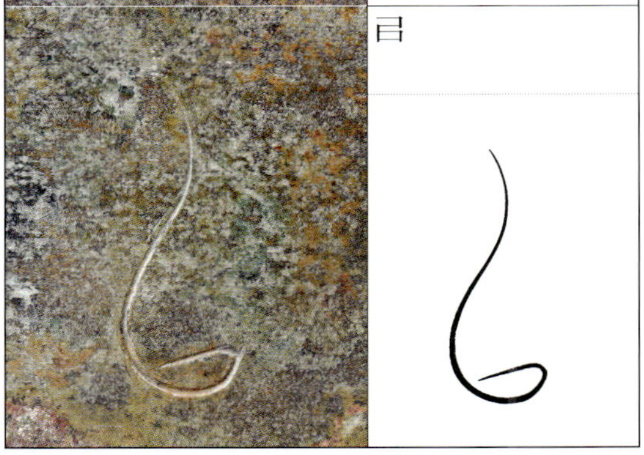
㠯

身

蒙

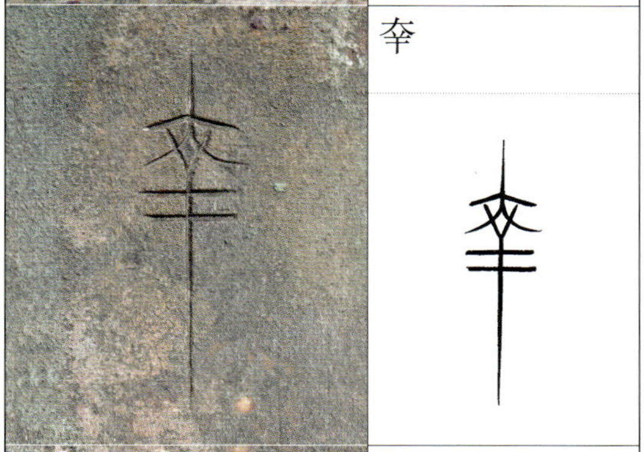
夲

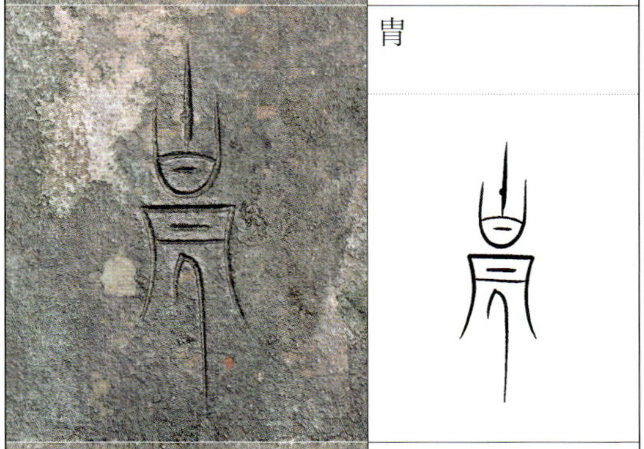
冑

㠯

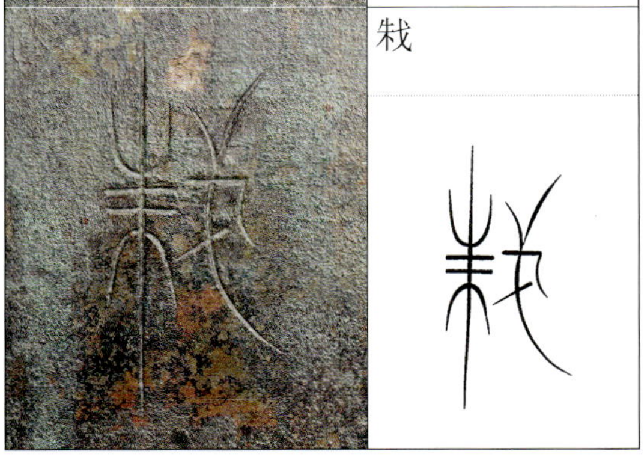
栽

㠯（以）請郾（燕）彊（疆），氏（是）㠯（以）身蒙夲（甲）冑，㠯（以）栽（誅）

不巛（順）。郾（燕）⿸广古（故）君子徻（噲），新君子之，不

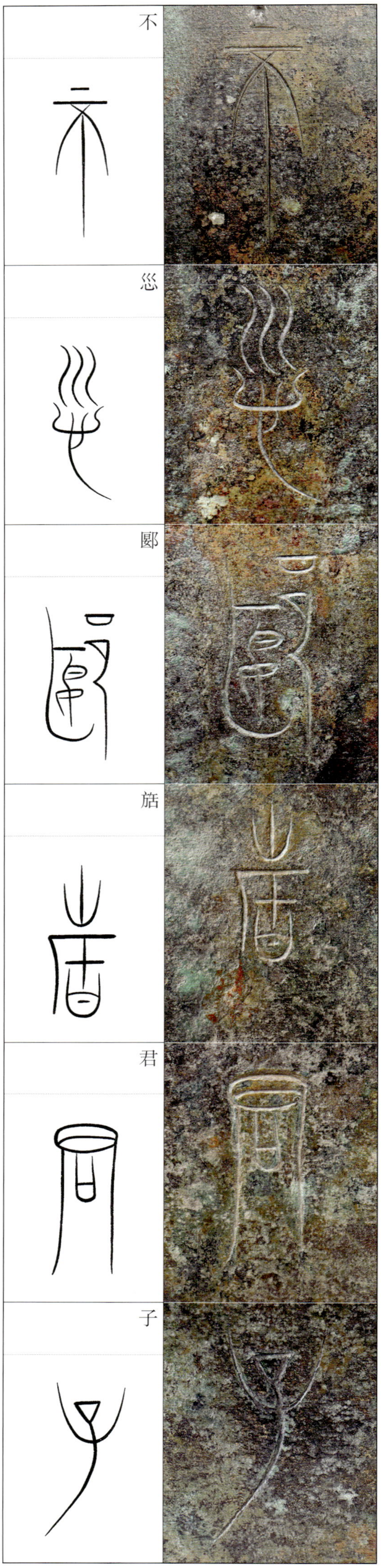

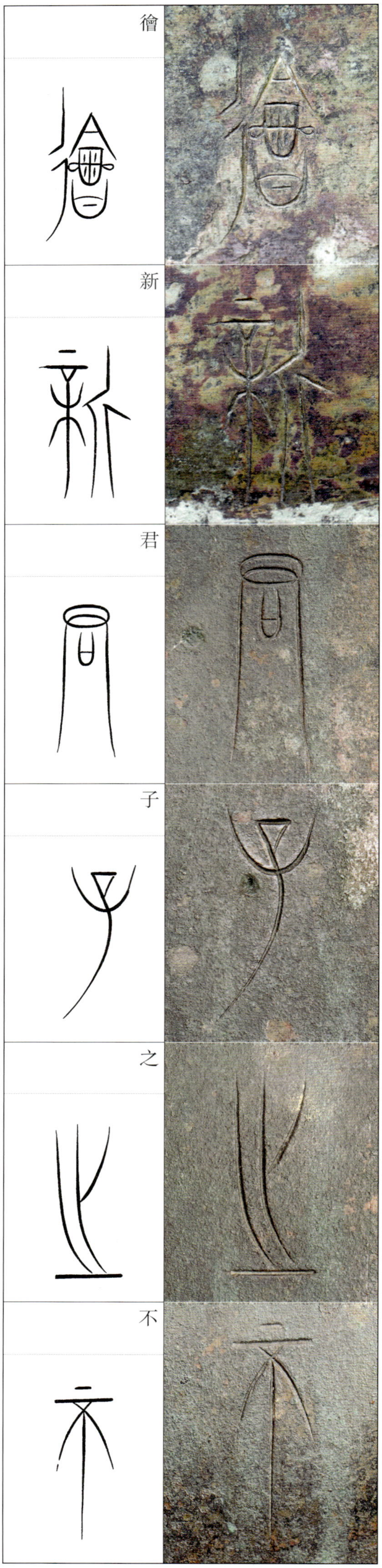

用豊（禮）宜（義），不⿰馬頁（顧）逆巡（順），⿸㫃古（故）邦⿺辶亡（亡）身死，

曾亡（無）鼠（一）夫之𢦏（救）。述（遂）定君臣之䏿（位）、

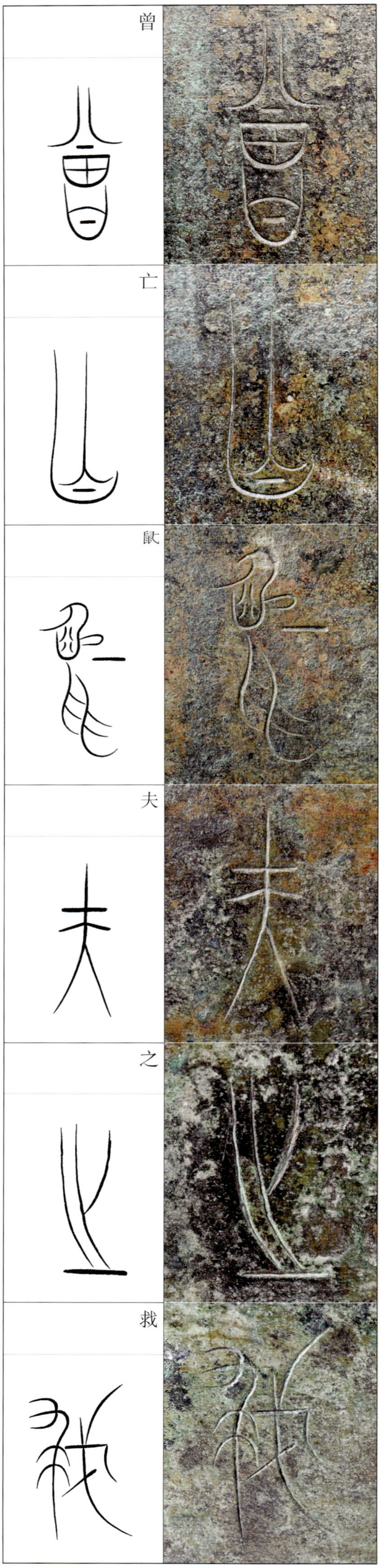

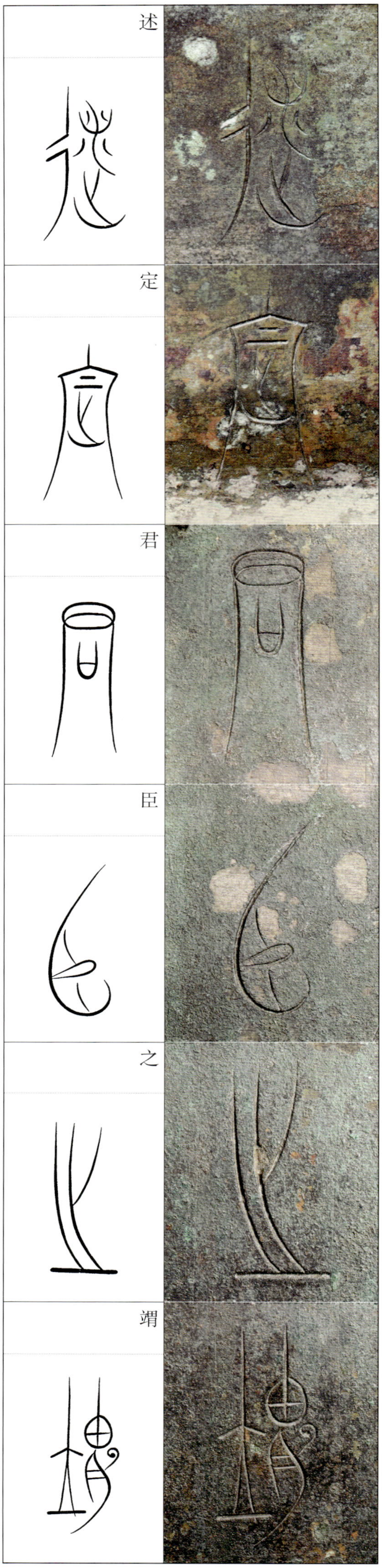

上下之體（體）。休又（有）成工（功），刅（創）闢⿱封田（封）彊（疆）。

上

下
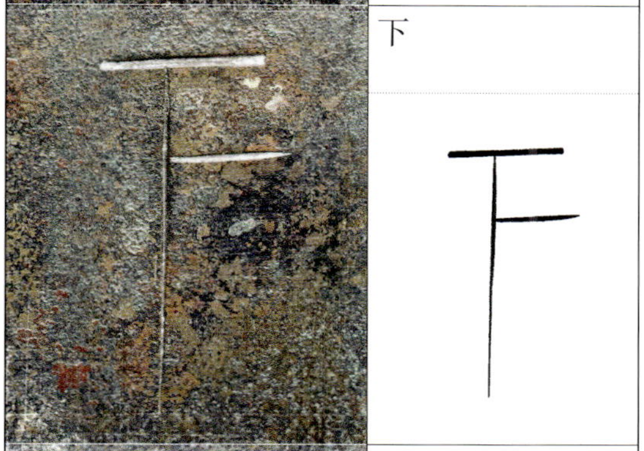
之
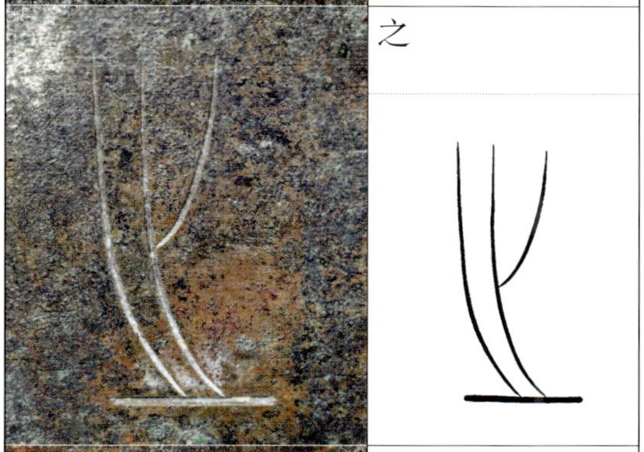
體

休
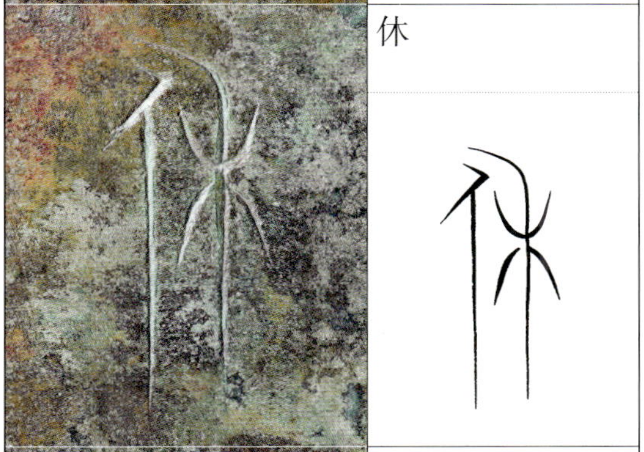
又
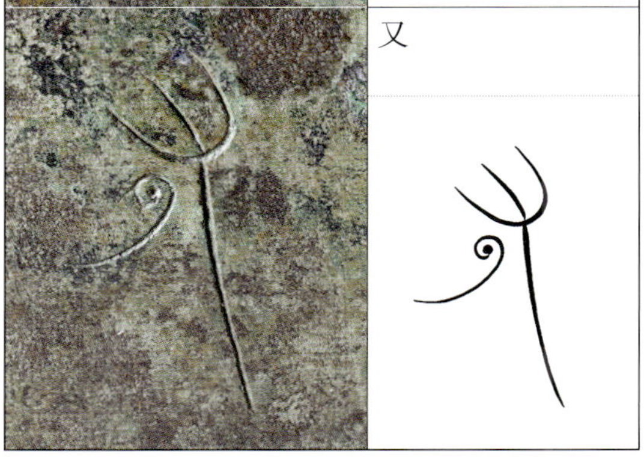
成

工
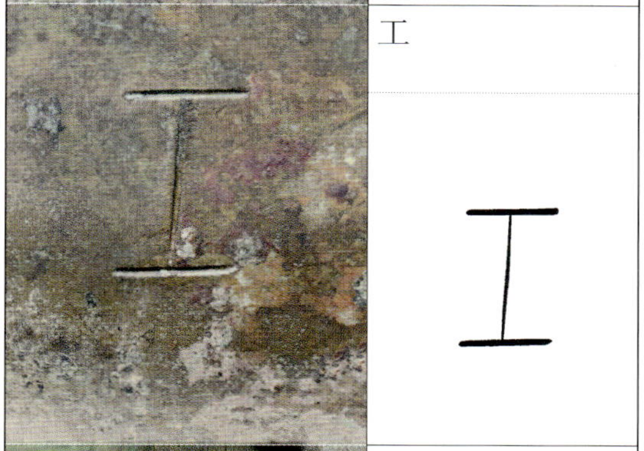
刅
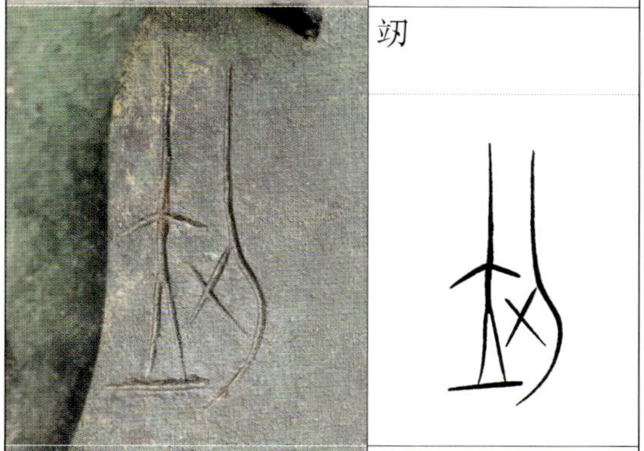
闢
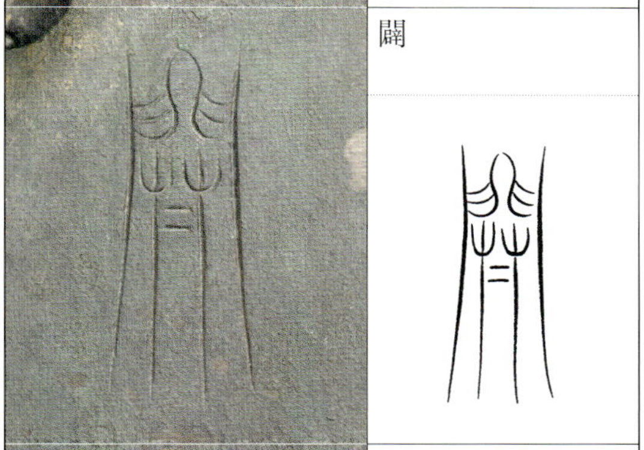
⿱封田
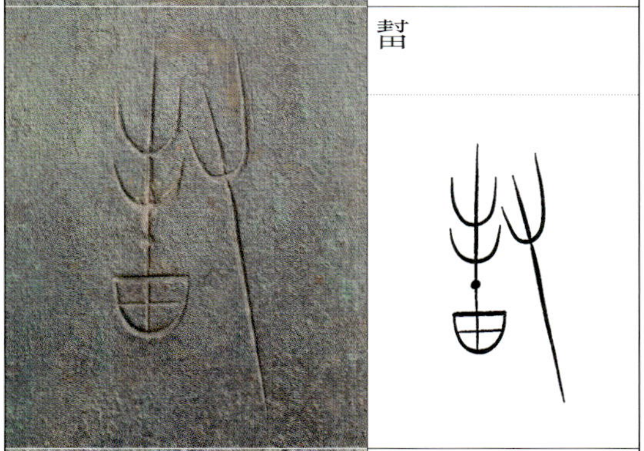
彊

天子不忘其又（有）勛，速（使）其老⿱竹斤（策）賞

中（仲）父，者（諸）侯虘（皆）賀。夫古之聖王敄（務）

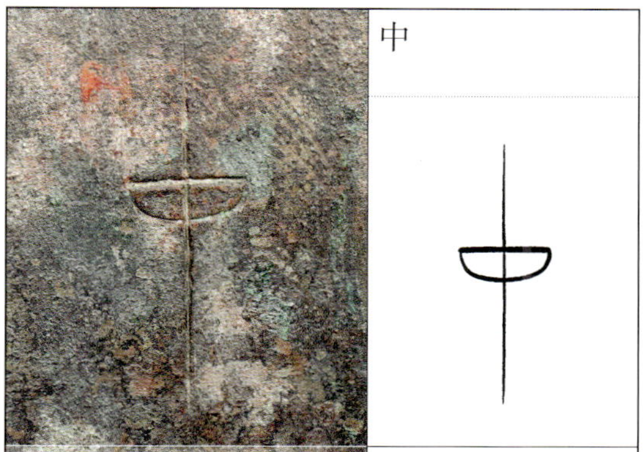
中

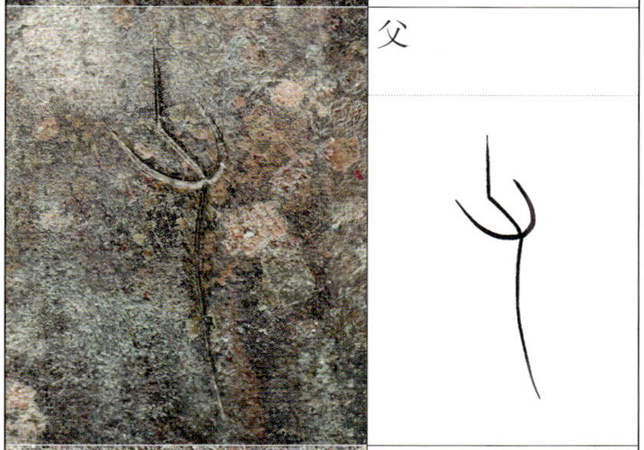
父

者

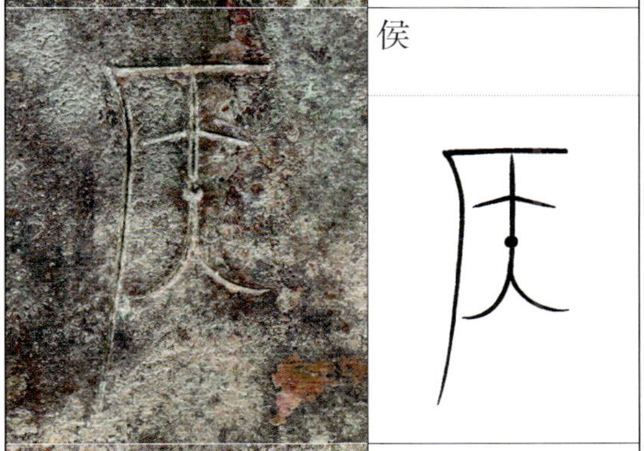
侯

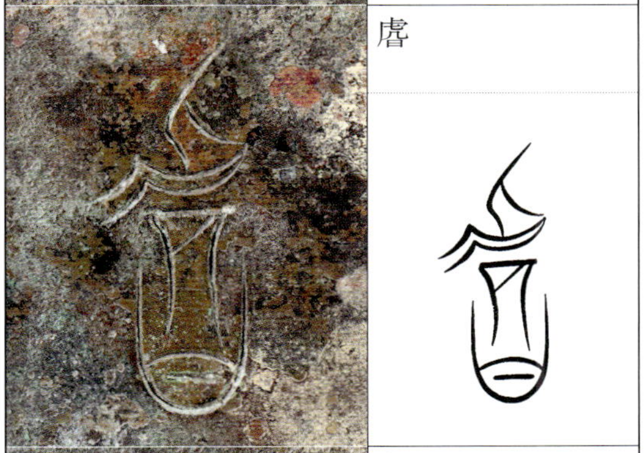
虘

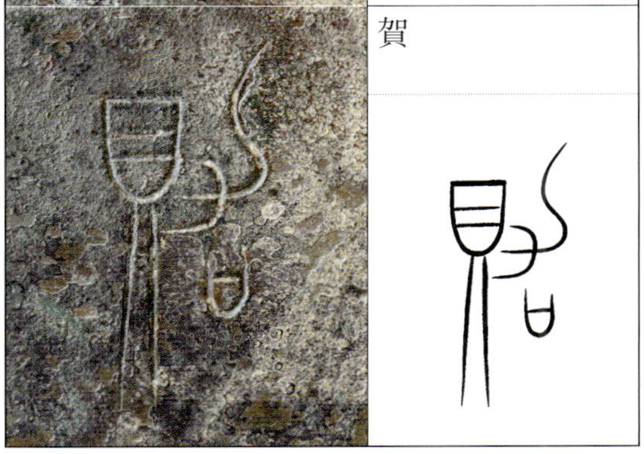
賀

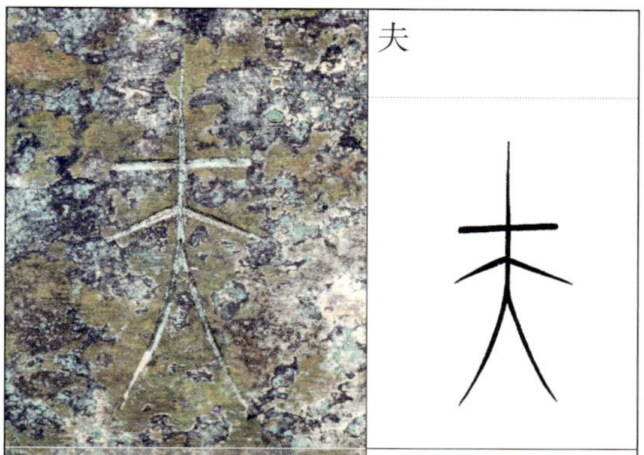
夫

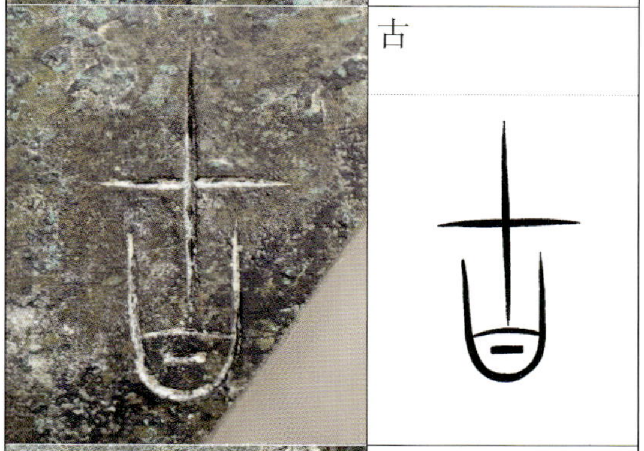
古

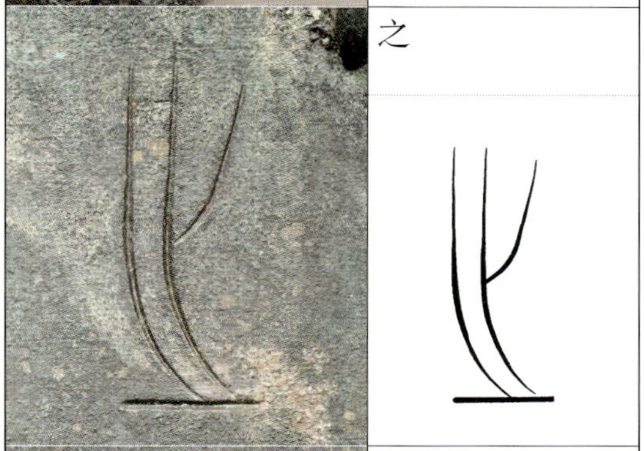
之

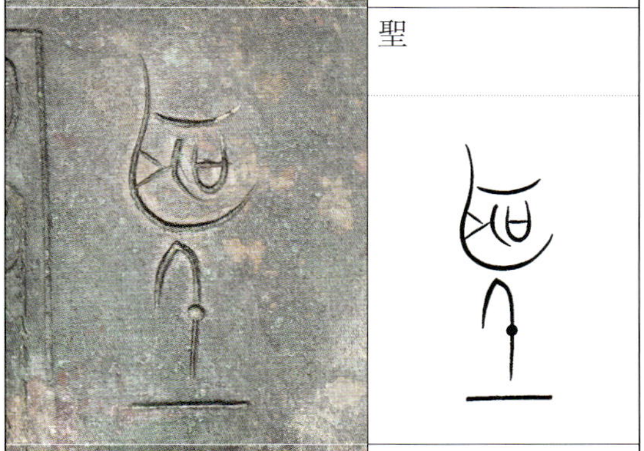
聖

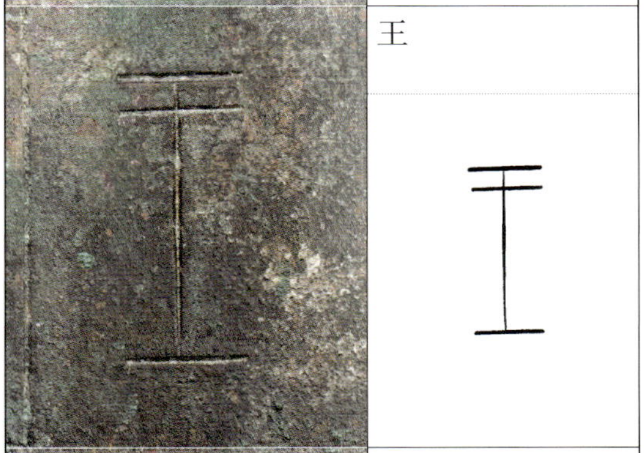
王

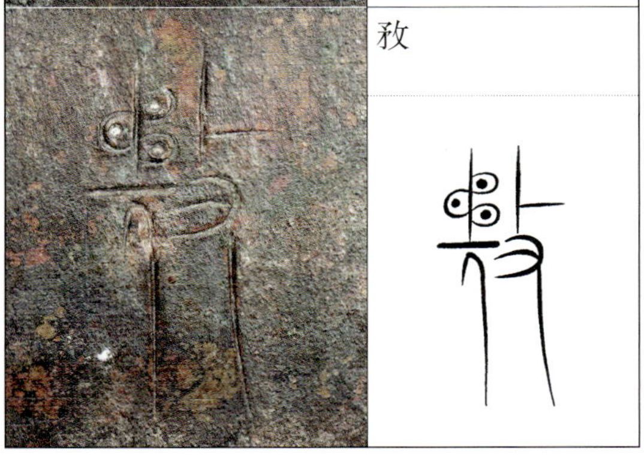
敄

才（在）㝵（得）臤（賢），其即（次）㝵（得）民。⿱屮居（故）⿰言辛（辭）豊（禮）敬則

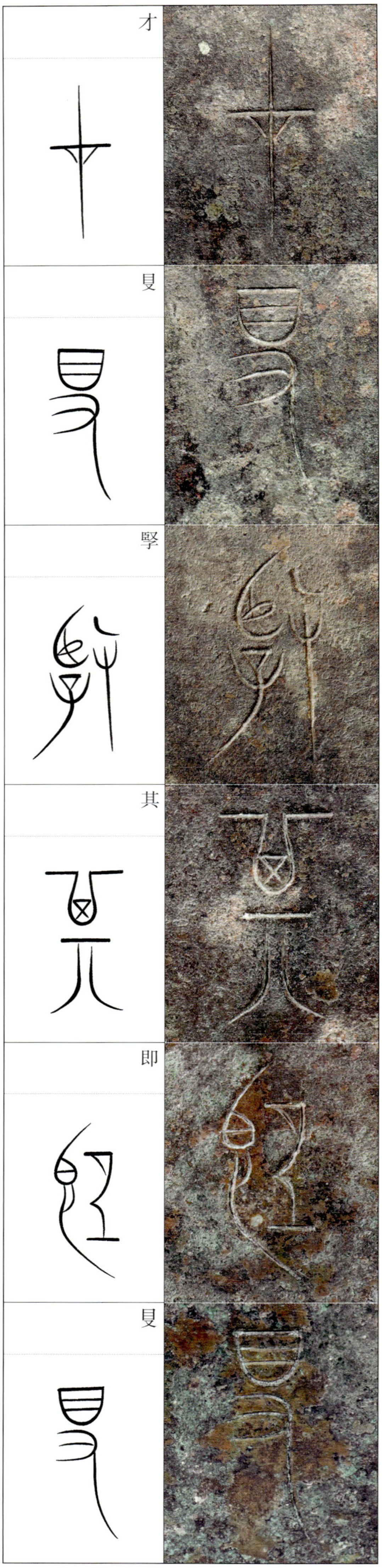

臤（賢）人至，厤（陟）忑（愛）深則臤（賢）人新（親），乍（乍）歓（歛）

臤

人

至
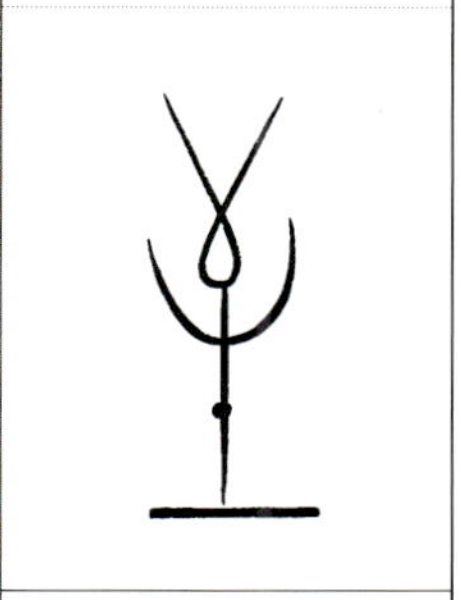

厤

忑

深

則
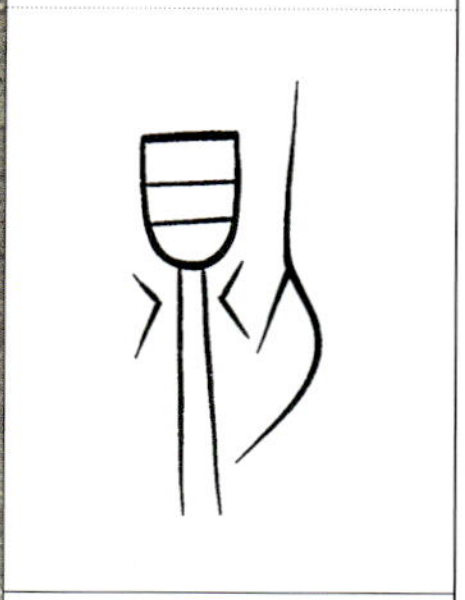

臤

人
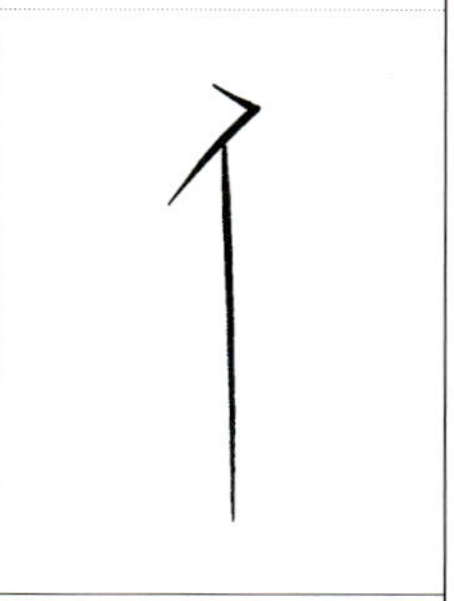

新
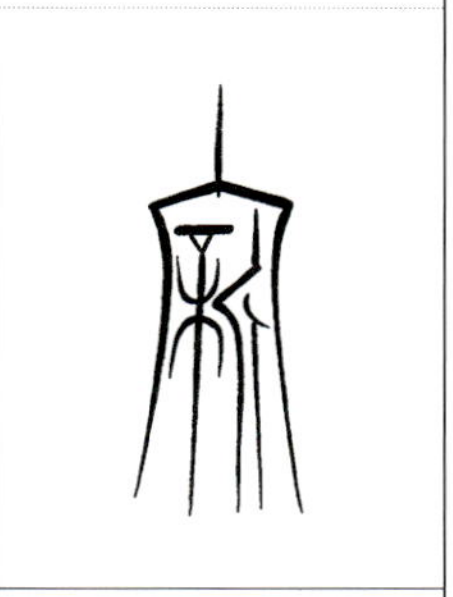

乍
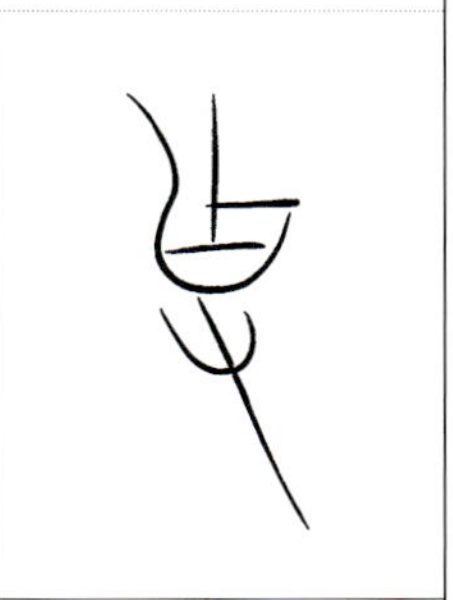

歓
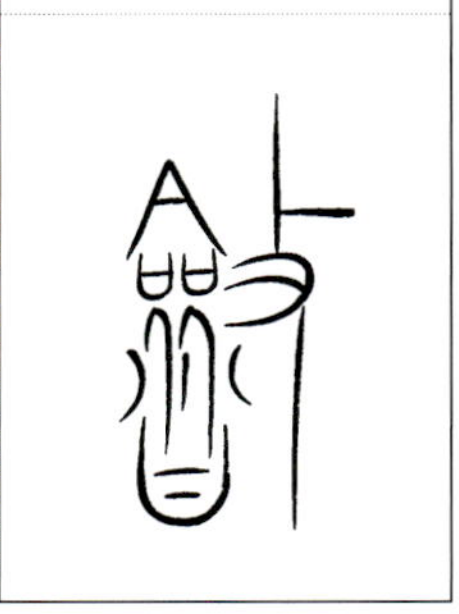

中則庶民⿱付臣（附）。於（嗚）虖（呼）！允𢿶（哉）若言，明

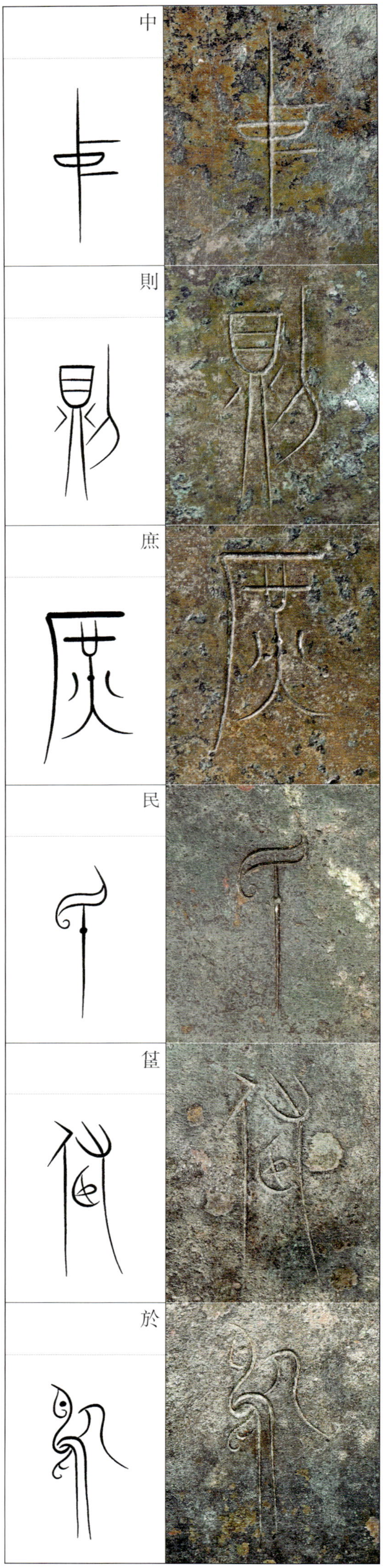

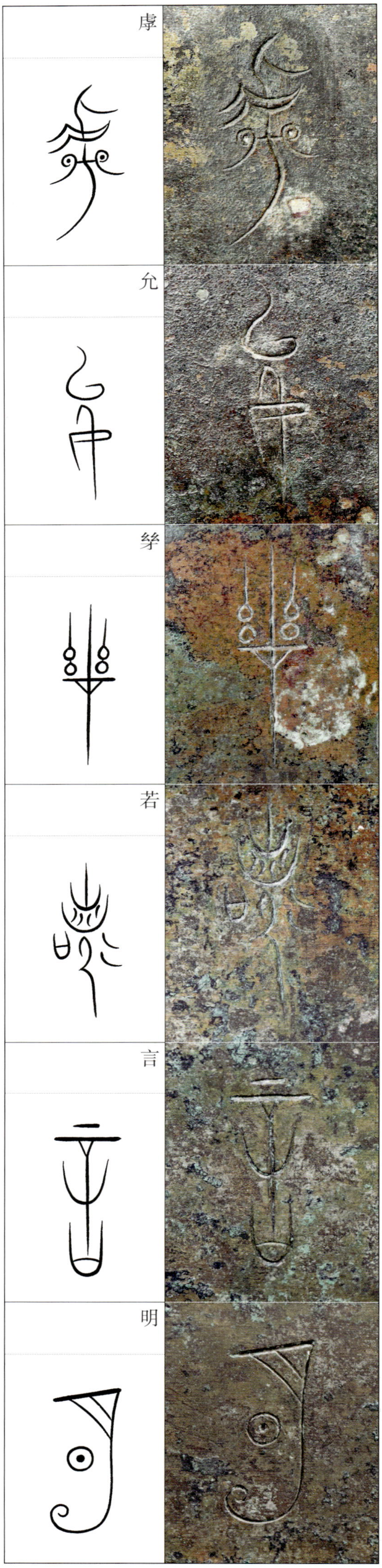

友之于壺，而旹（時）觀焉。祇祇翼，卲（昭）告

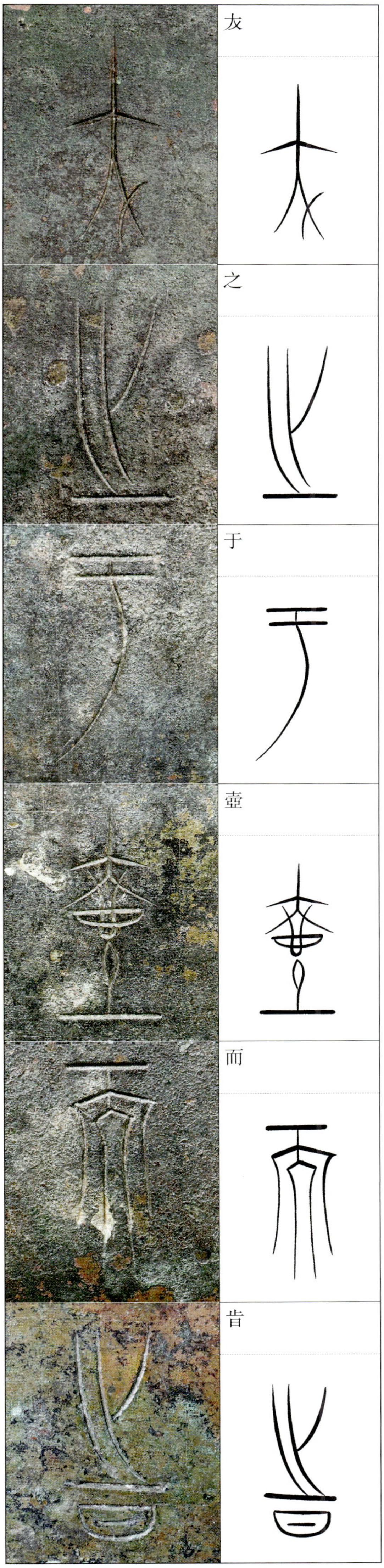

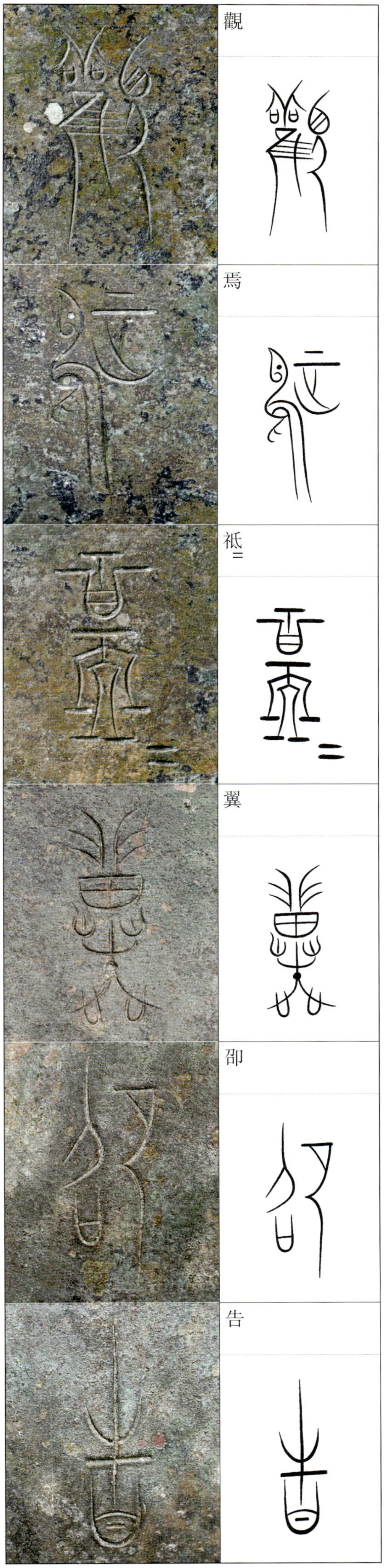

後嗣，隹（惟）逆生禍，隹（惟）巡（順）生福，⿱才車（載）之

後

嗣

隹

逆

生

禍

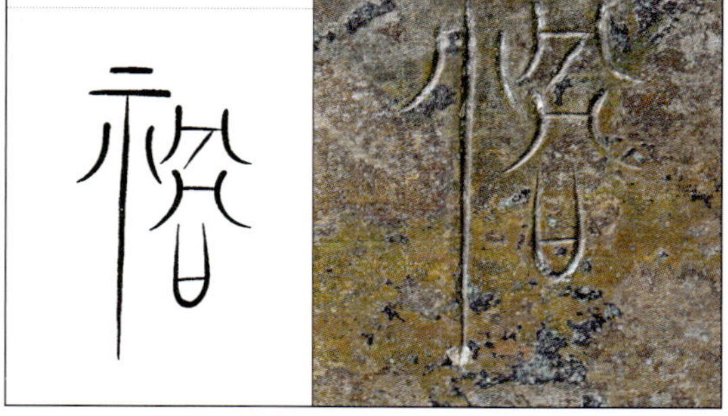

隹

巡

生

福

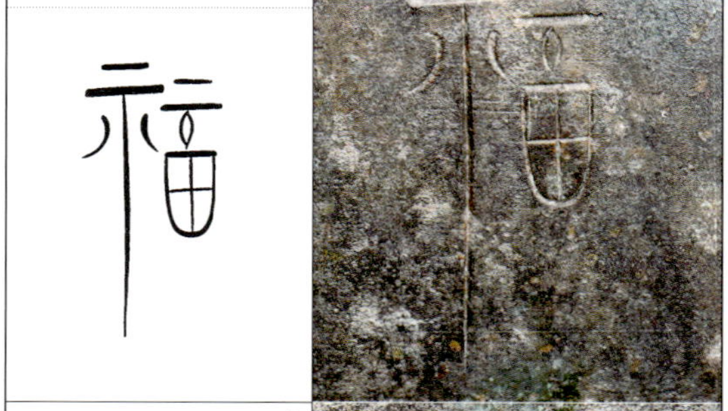

⿱才車

之

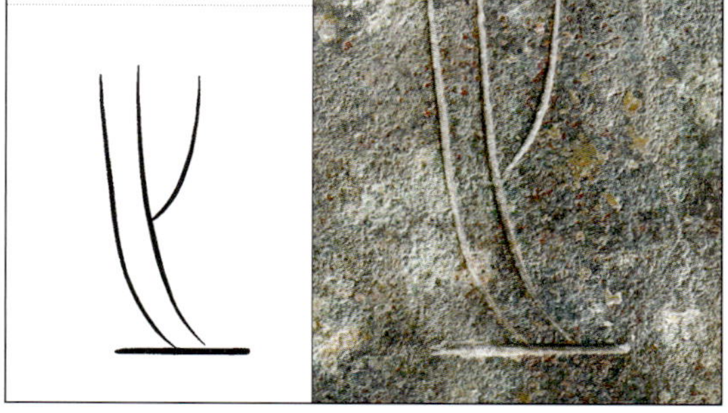

⿱竹外（簡）⿱竹析（策），㠯（以）戒嗣王，隹（惟）悳（德）⿱付㠯（附）民，隹（惟）宜（義）

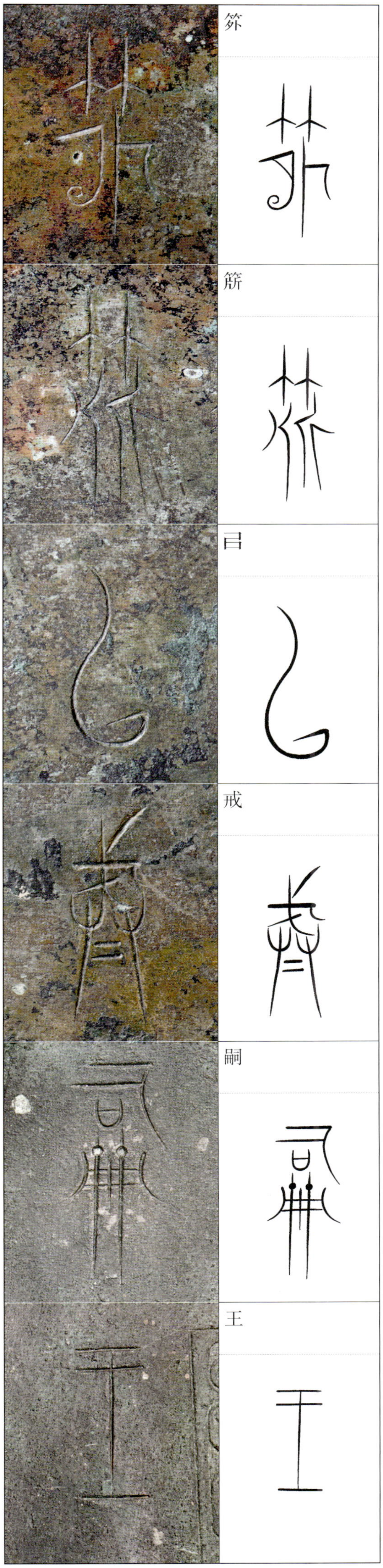

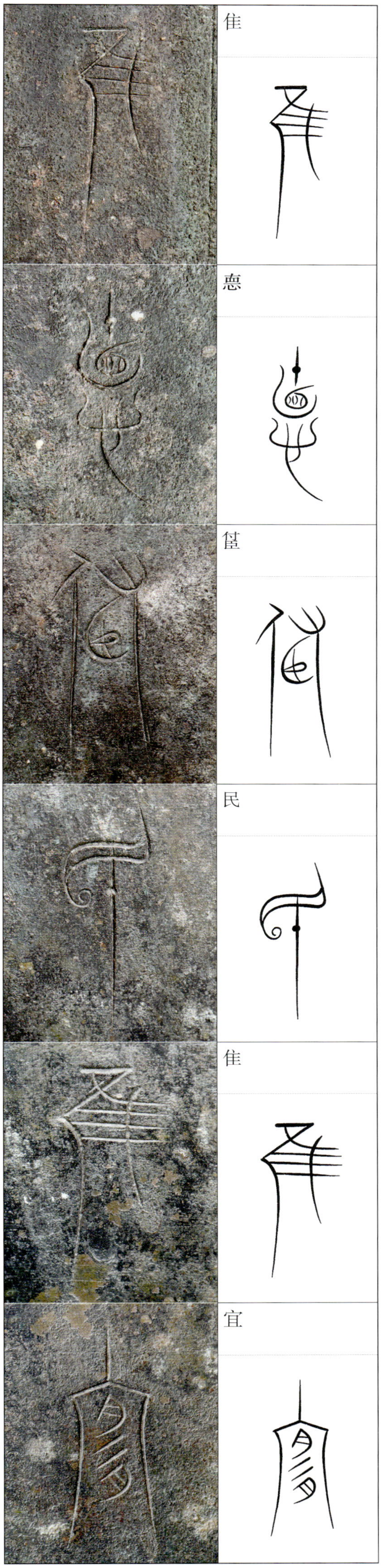

可⿰糹長（張），子之子，孫之孫，其永保用

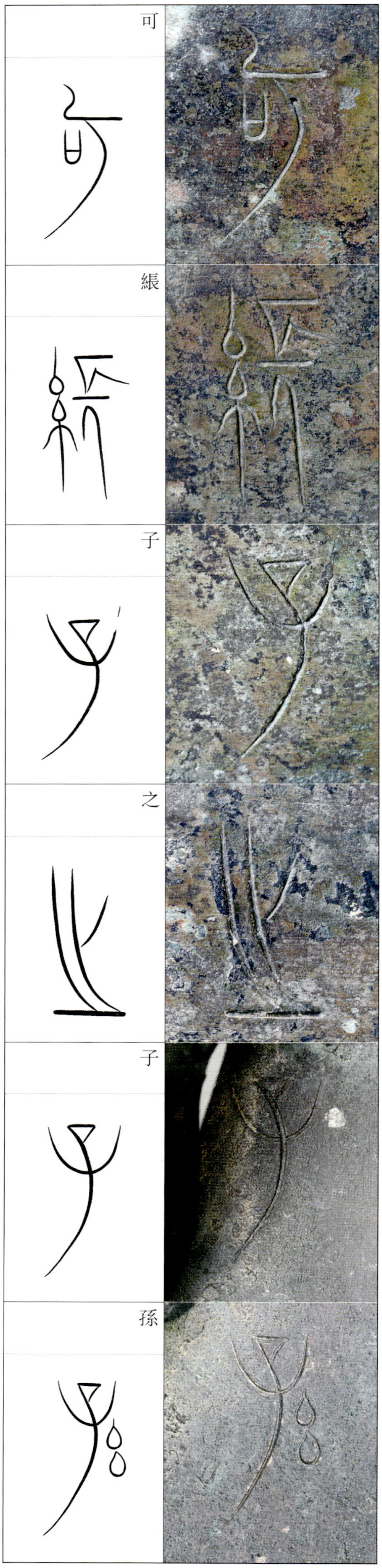

亡（無）彊（疆）。

亡

彊

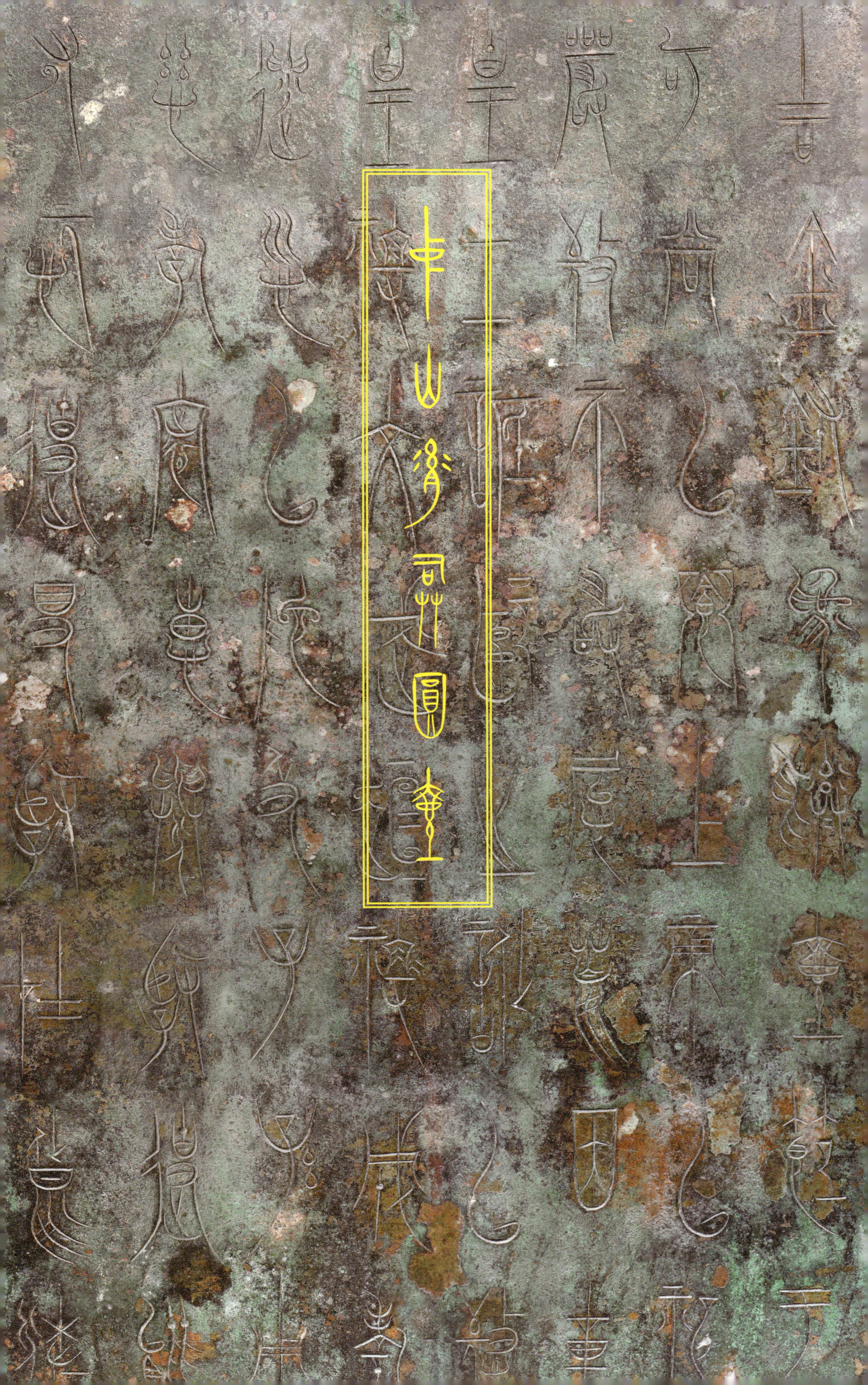
中山胤嗣圓壺

中山胤嗣圆壶

通高44.9、口径14.6、腹径31.2厘米，重13.65千克；器身刻铭182字，内有重文5字，圈足铸、刻铭文23字，内有合文2字。

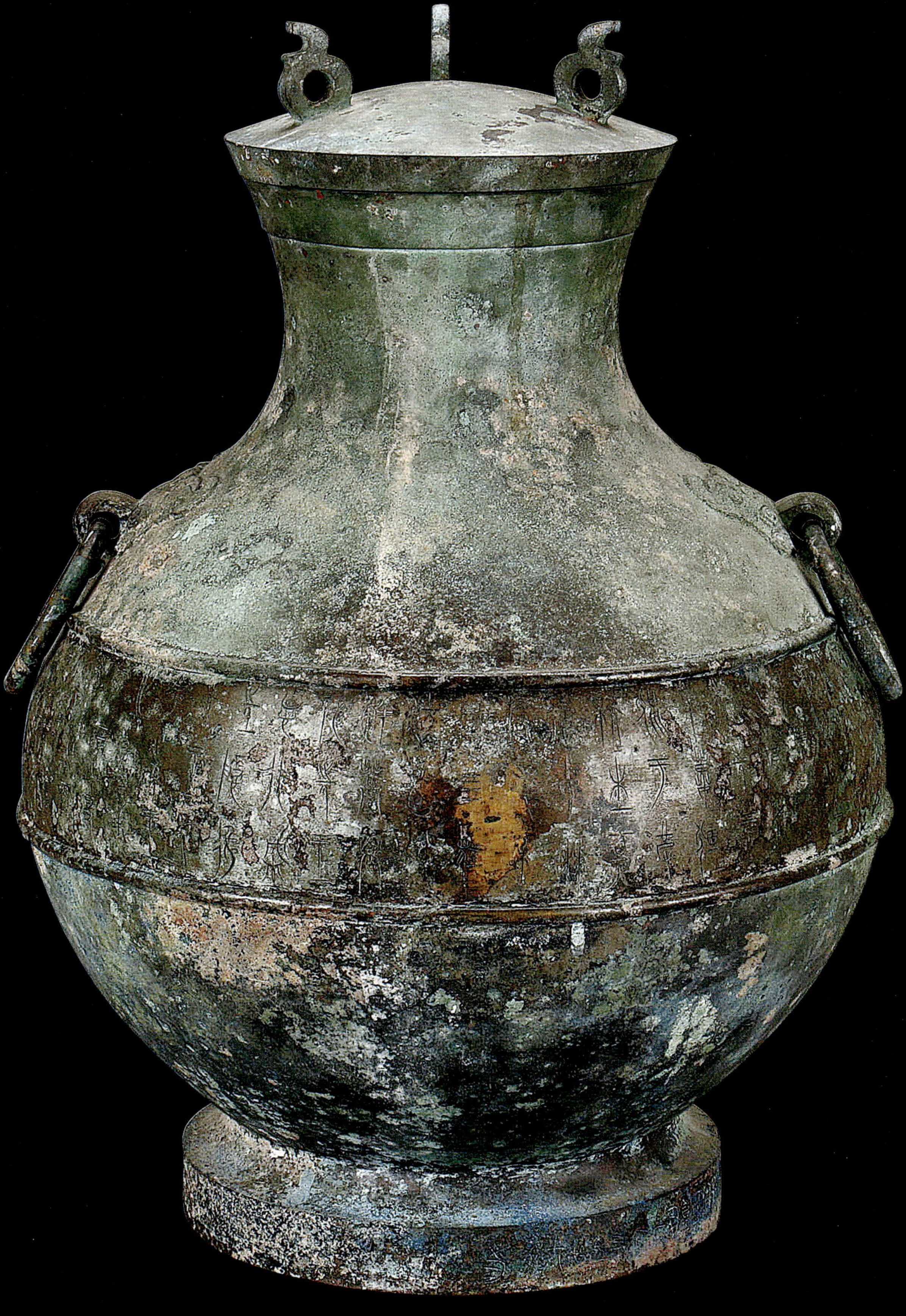

胤𢍰（嗣）好盗敢明易（揚）告：昔者先王，

孳（慈）炁（愛）百每（敏），竹（篤）胄亡（無）彊（疆），日夊（夜）不忘，

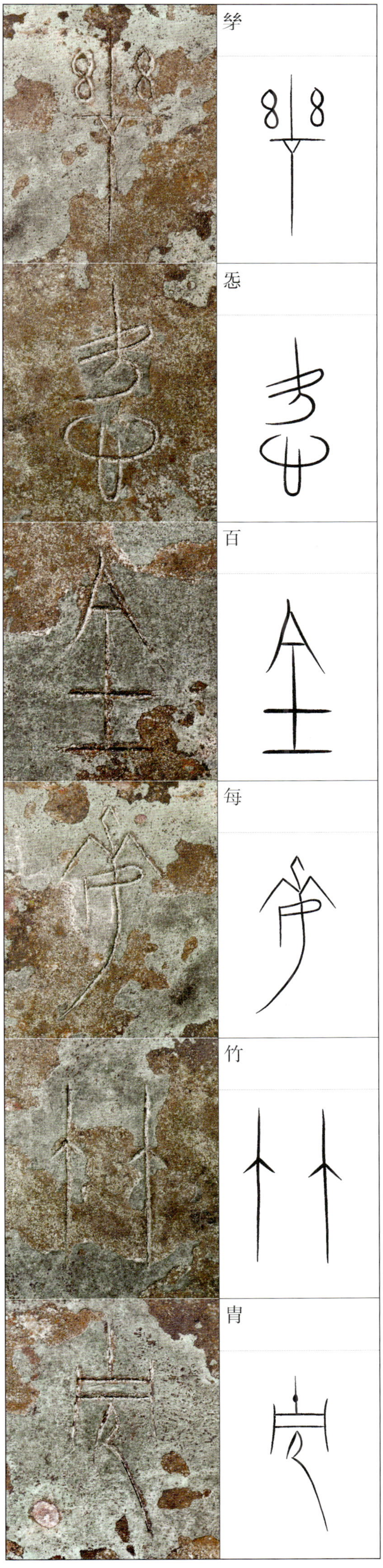

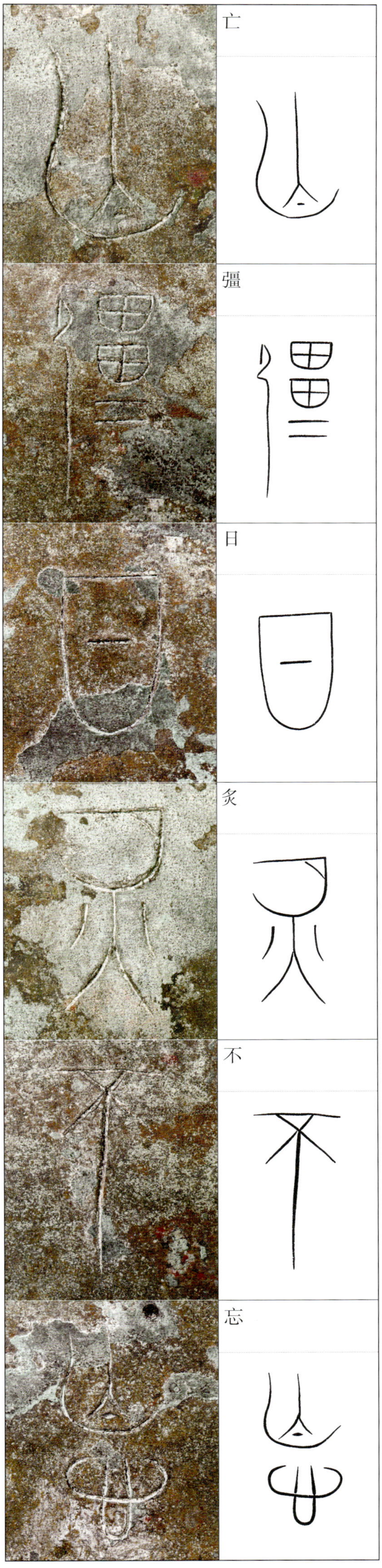

大厺（去）型（刑）罰，㠯（以）慐（憂）氒（厥）民之隹（惟）不䫀（辜），

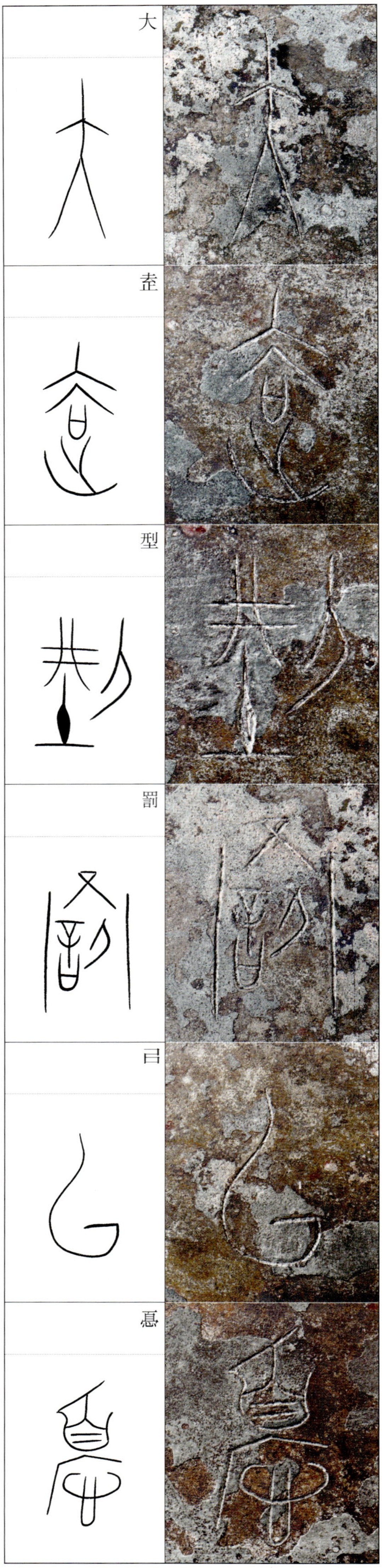

或旻（得）䝨（賢）狌（佐）司馬賈，而冢（重）貢（任）之邦。

或

旻

䝨

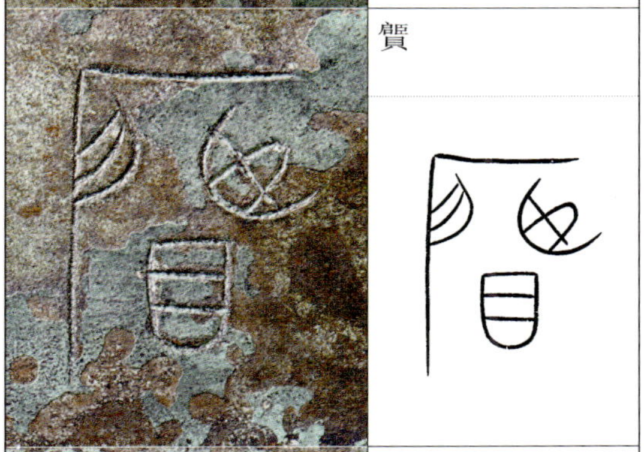

狌

司

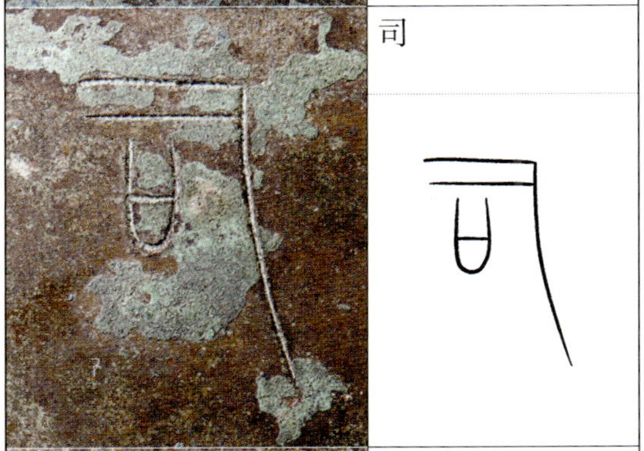

馬

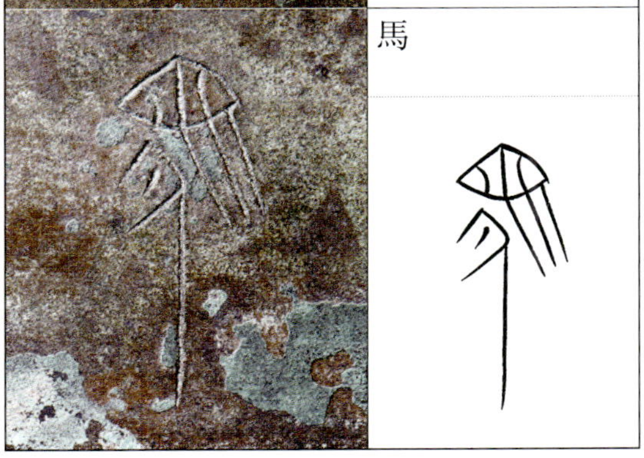

賈

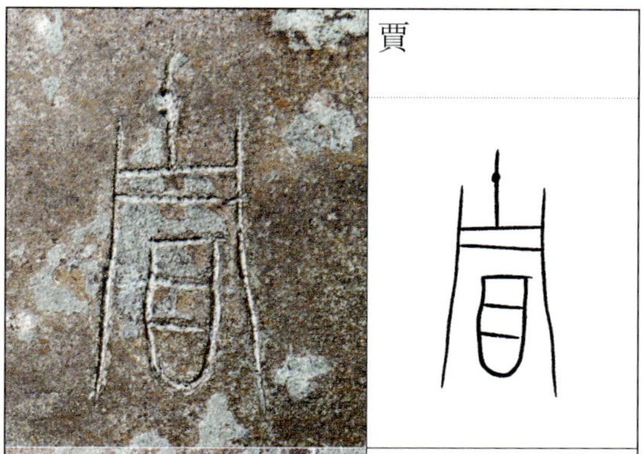

而

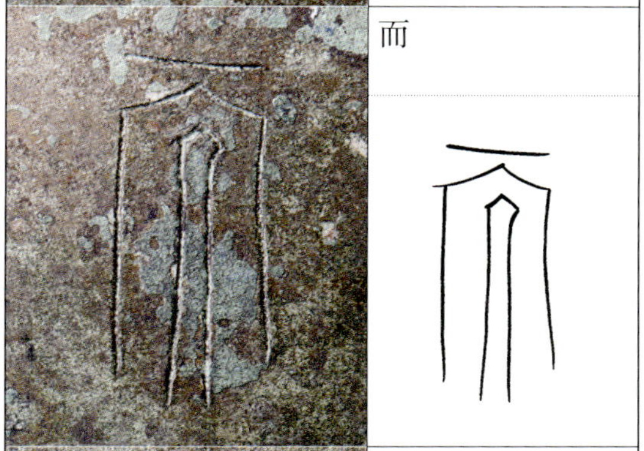

冢

貢

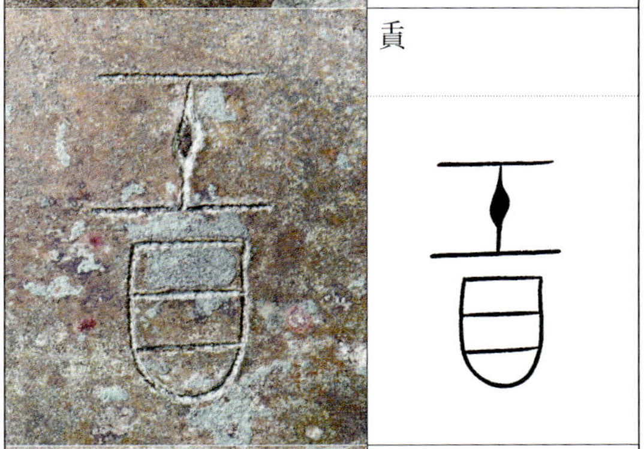

之

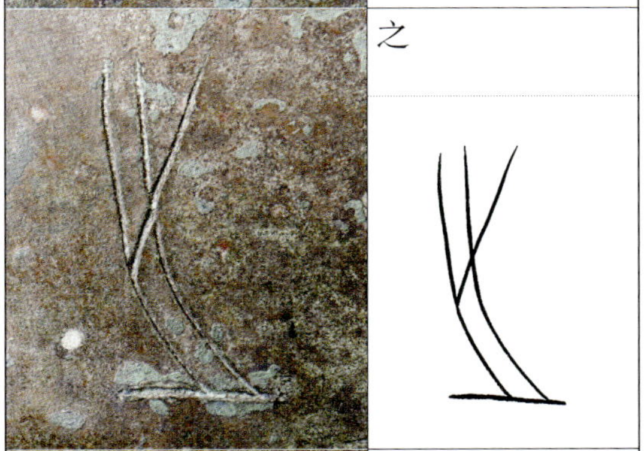

邦

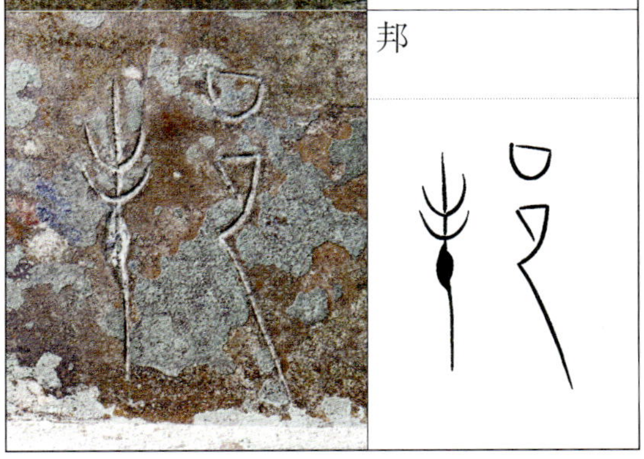

⿰彳⿱夆廾（逢）郾（燕）亡（無）道，⿰氵⿱日夂（易）上子之大臂（辟）不宜（義），

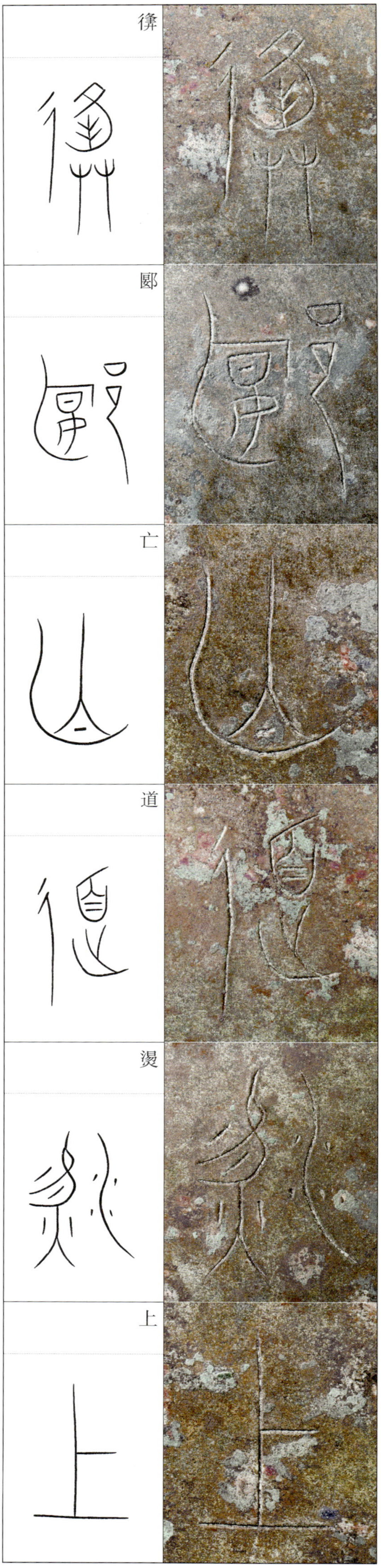

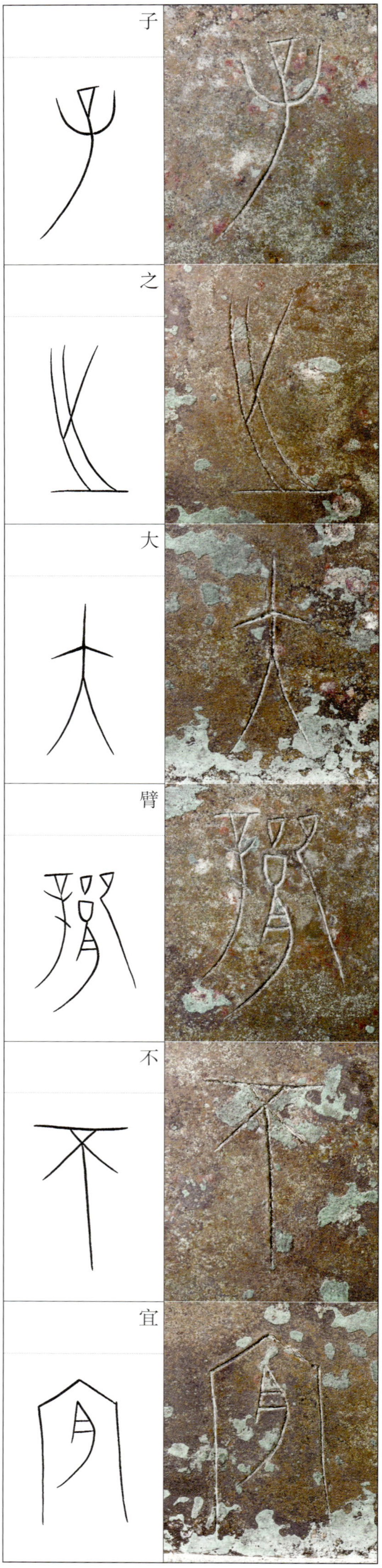

彶（反）臣丌（其）宔（主）。隹（惟）司馬賈訢路戰忞（怒），

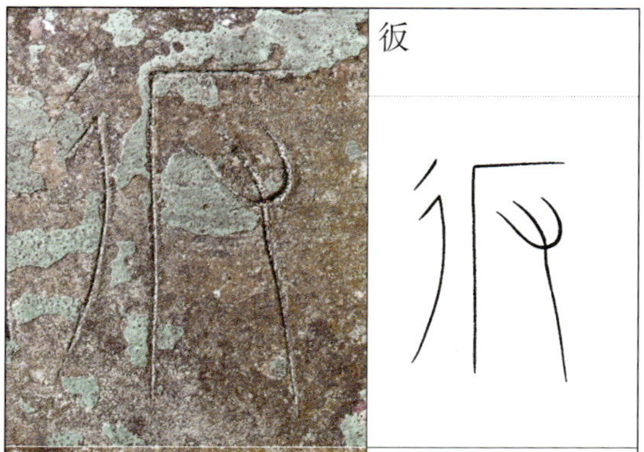
彶

臣

丌

宔

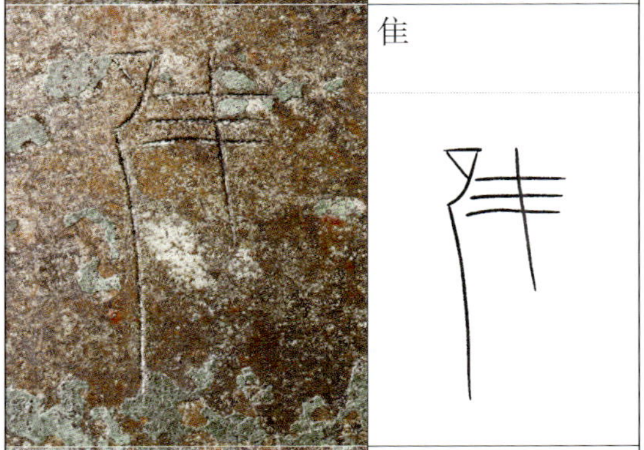
隹

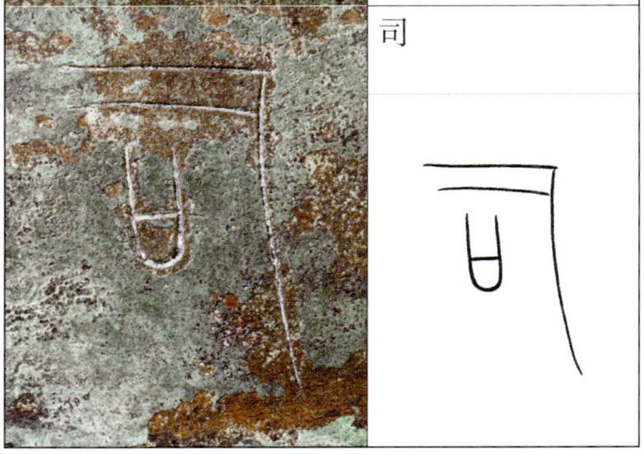
司

馬

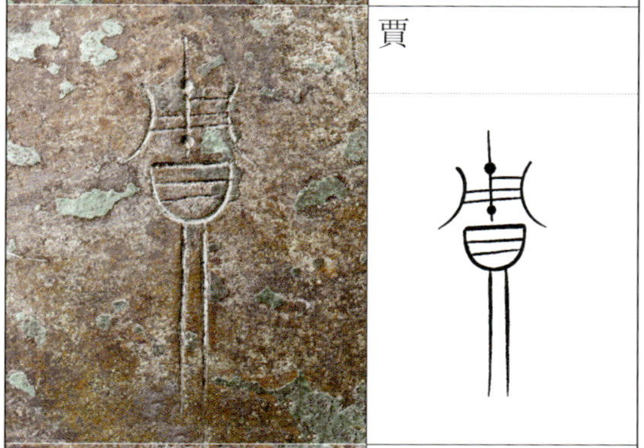
賈

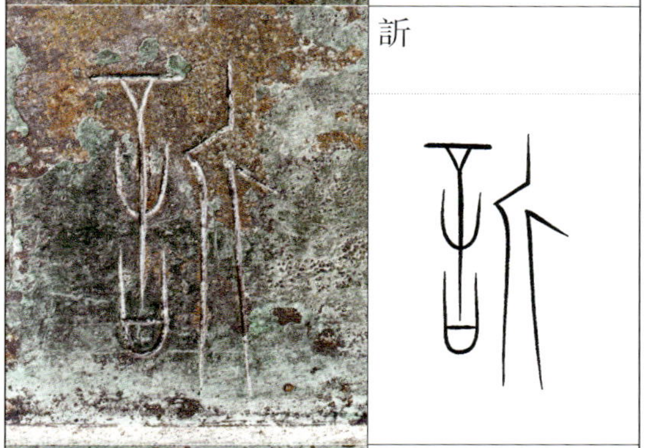
訢

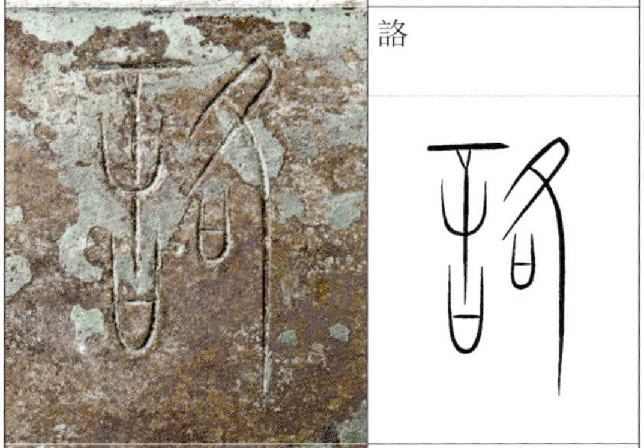
路

戰

忞

不能寍（寧）處，逵（率）師征郾（燕），大啓邦汧（宇），

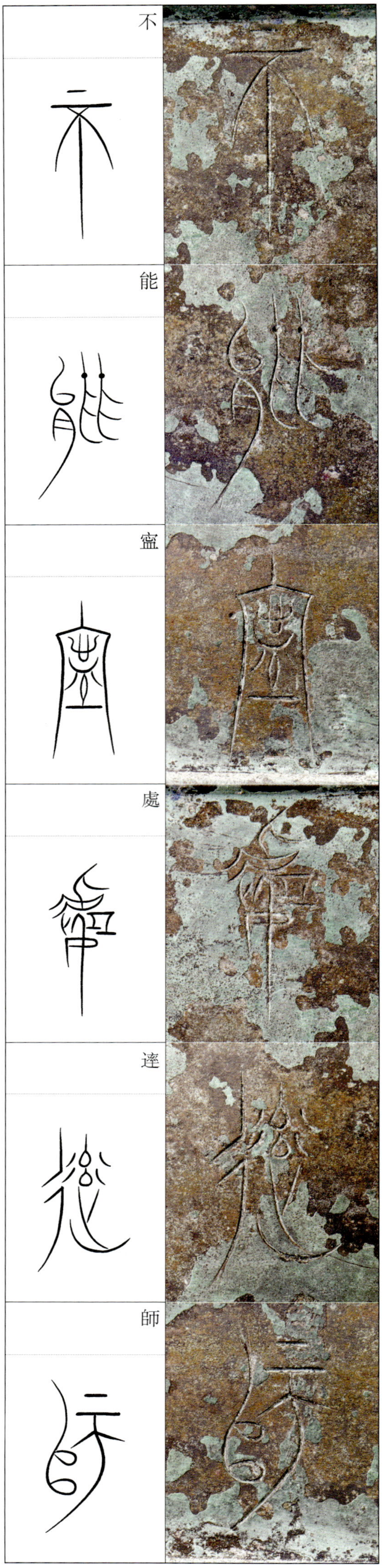

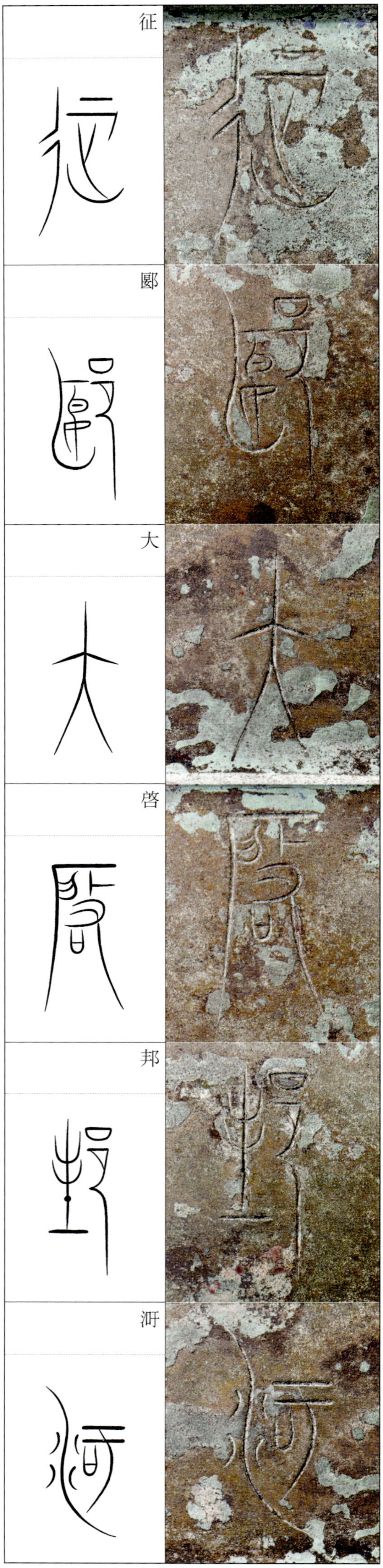

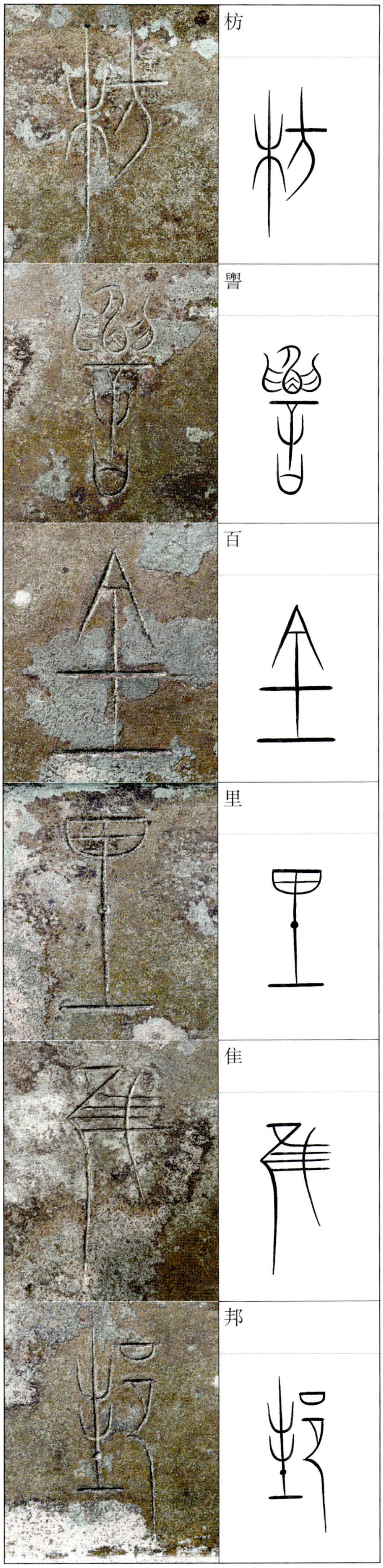

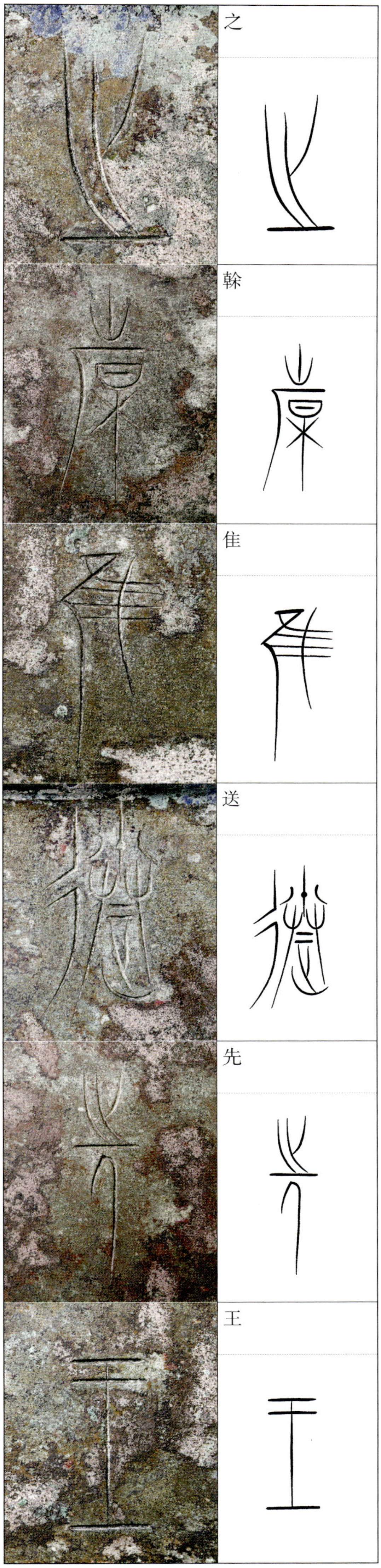

枋（方）嚳（數）百里。隹（惟）邦之榦，隹（惟）送先王，

茅（苗）萆（蒐）狃（田）獵，于皮（彼）新杢（土），其澮（會）女（如）林，

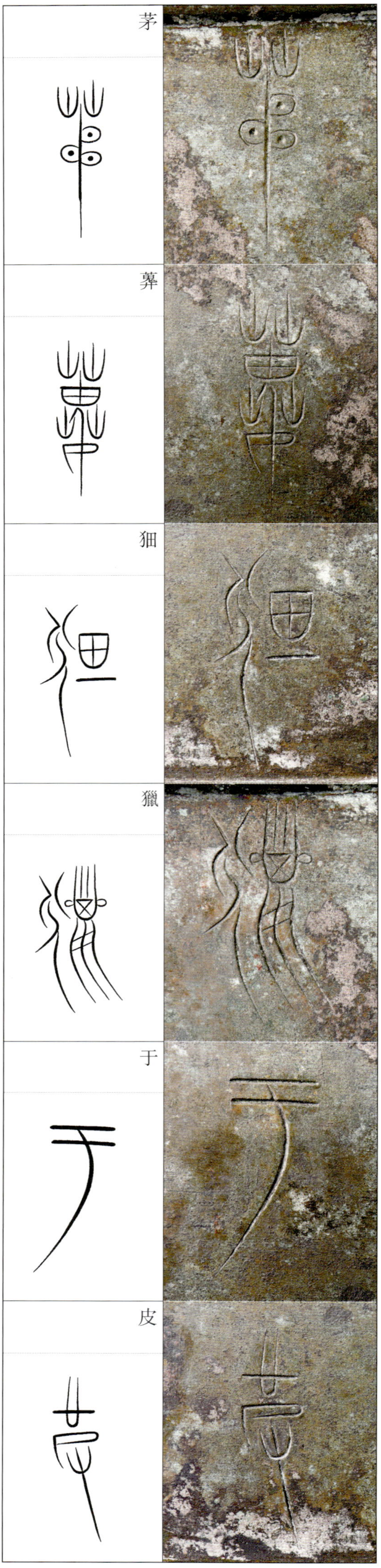

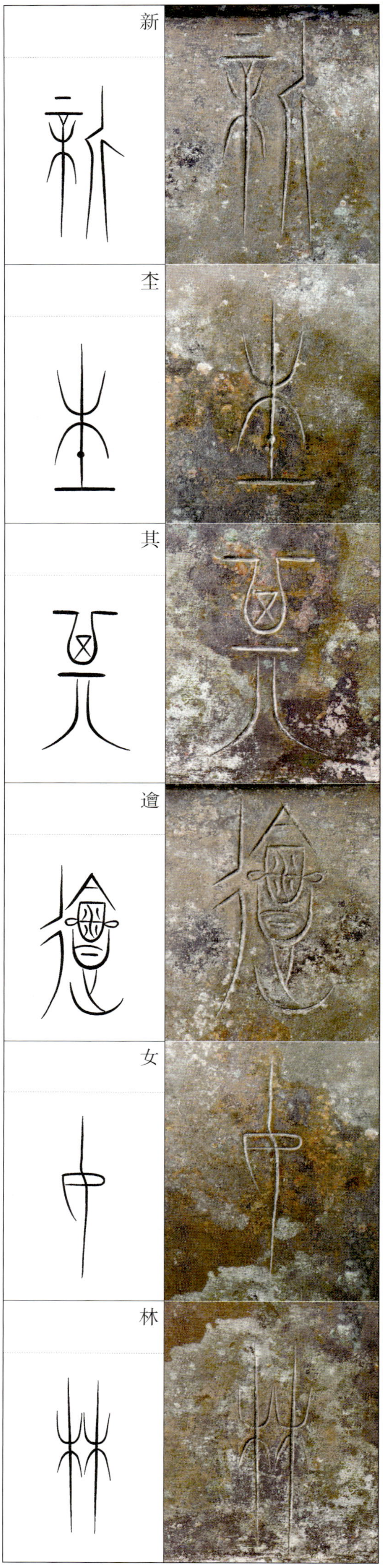

駁（馭）右和同，三（四）駐（牡）汸（騯）汸（騯），㠯（以）取鮮薹（藁），卿（饗）

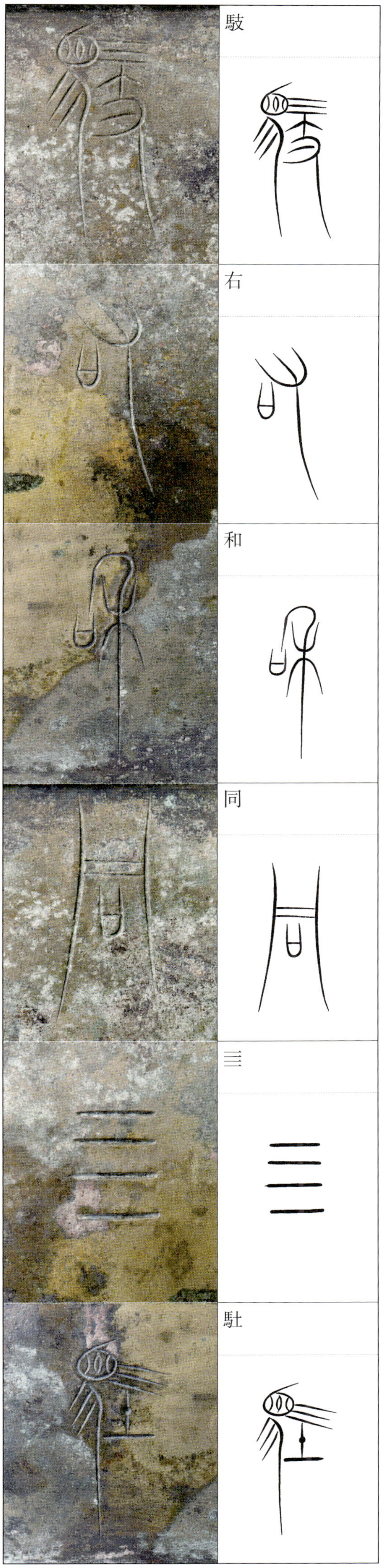

祀先王，悳（德）行盛㞷（旺），隱逸先王。於（嗚）

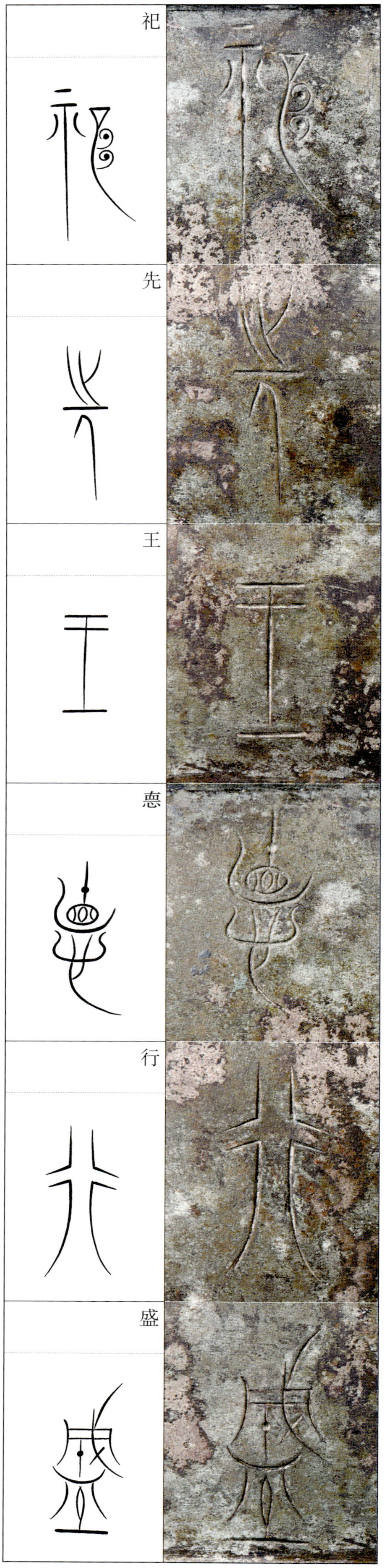

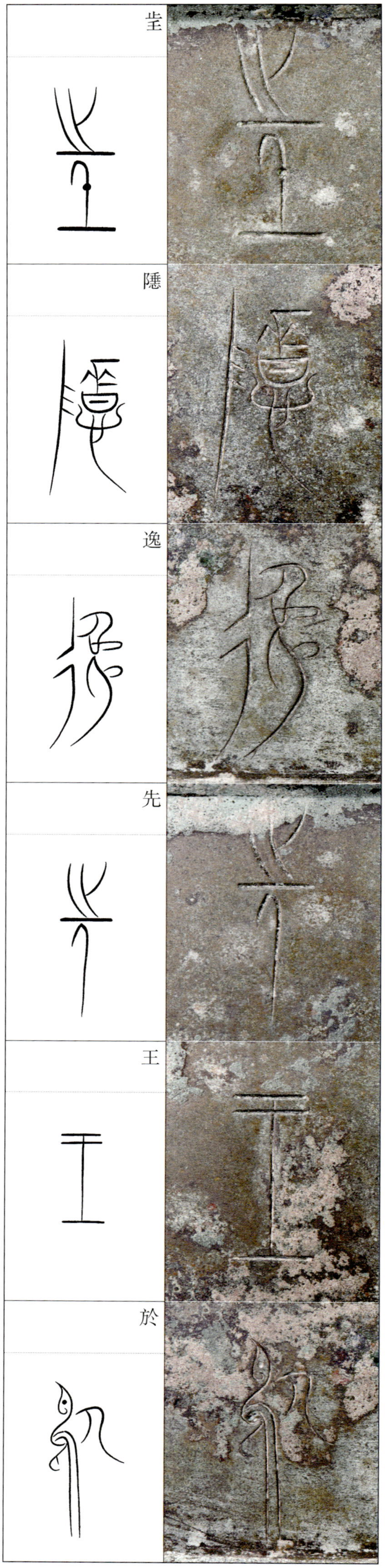

虖（呼），先王之悳（德），弗可復旻（得），霖（潸）霖（潸）流霦（涕），

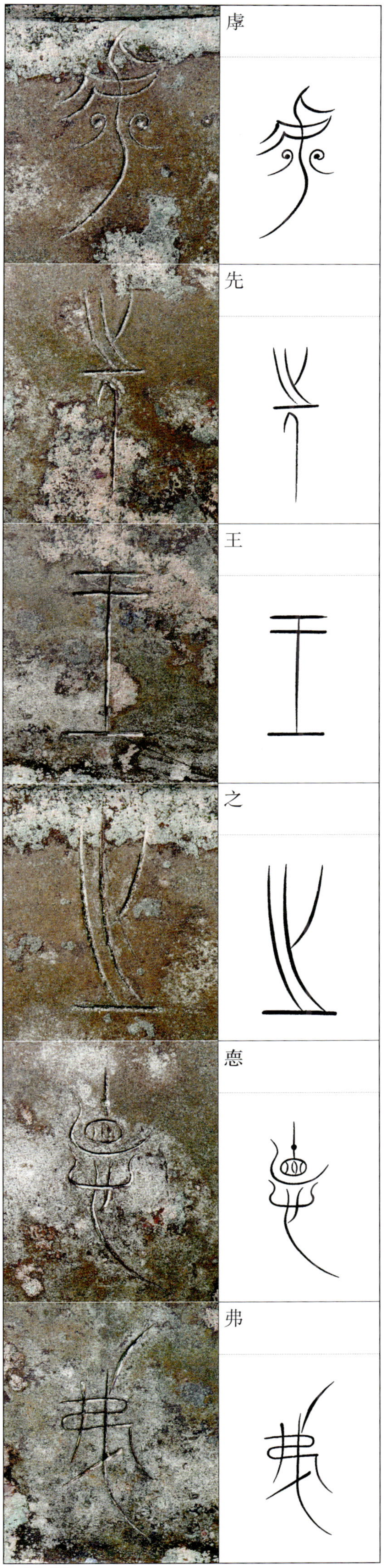

不敢寧處，敬命新墜（地），雨祠先王，

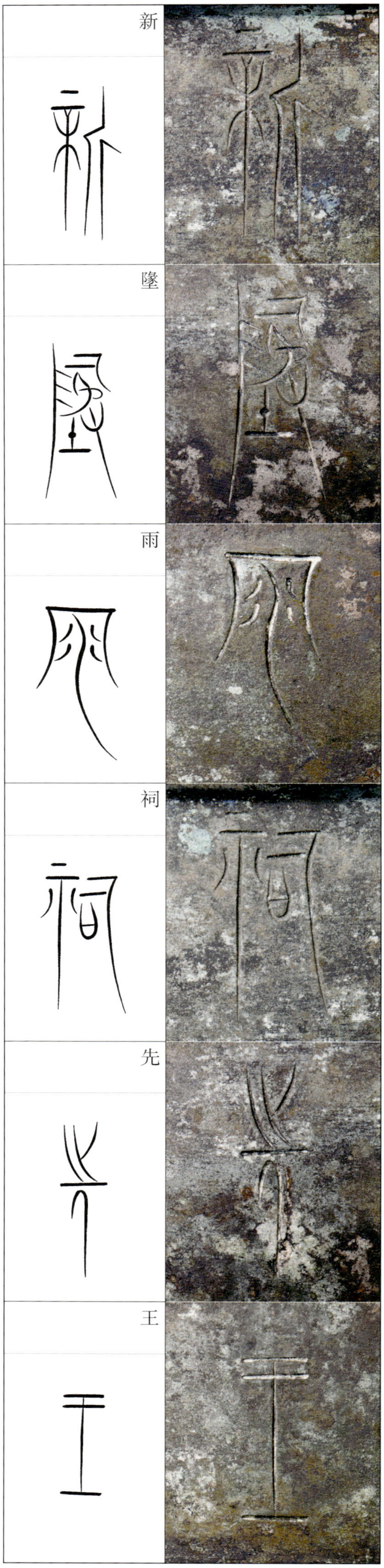

⿰歹世（世）⿰歹世（世）母（毋）⿰立岂（犯），以追庸（誦）先王之工（功）剌（烈），子子

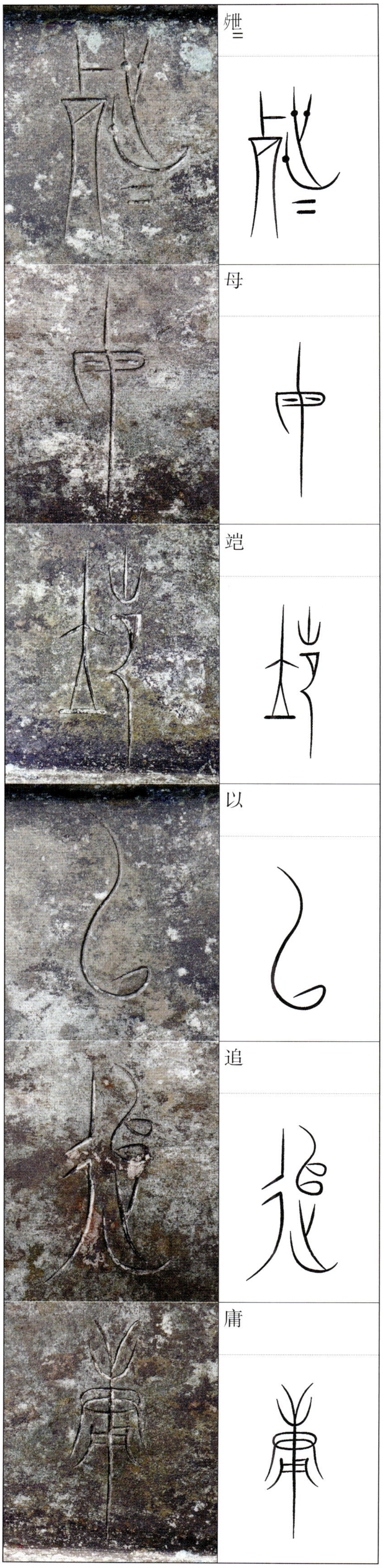

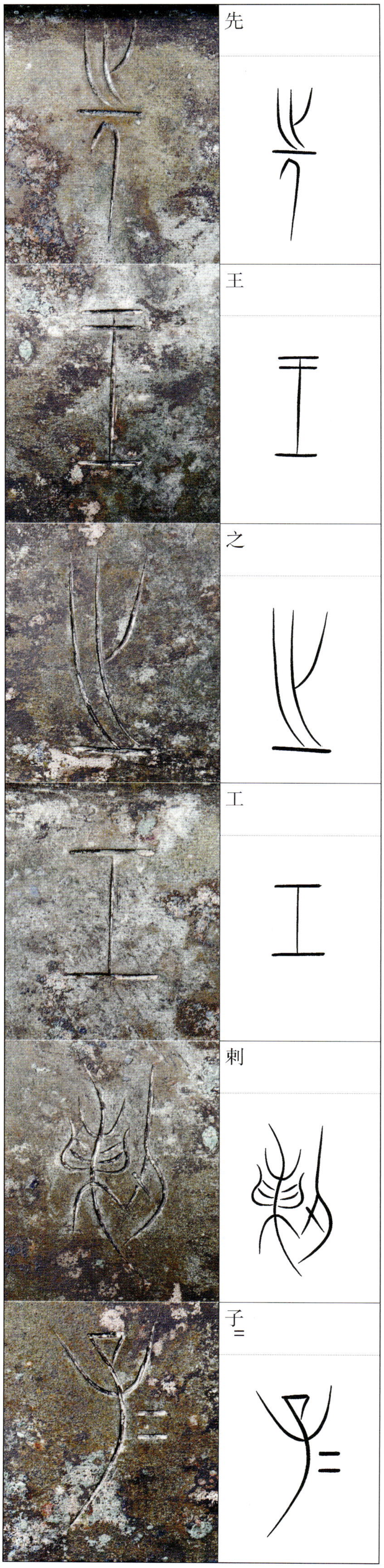

孫孫，母（毋）有不敬，寋（寅）祇承祀。

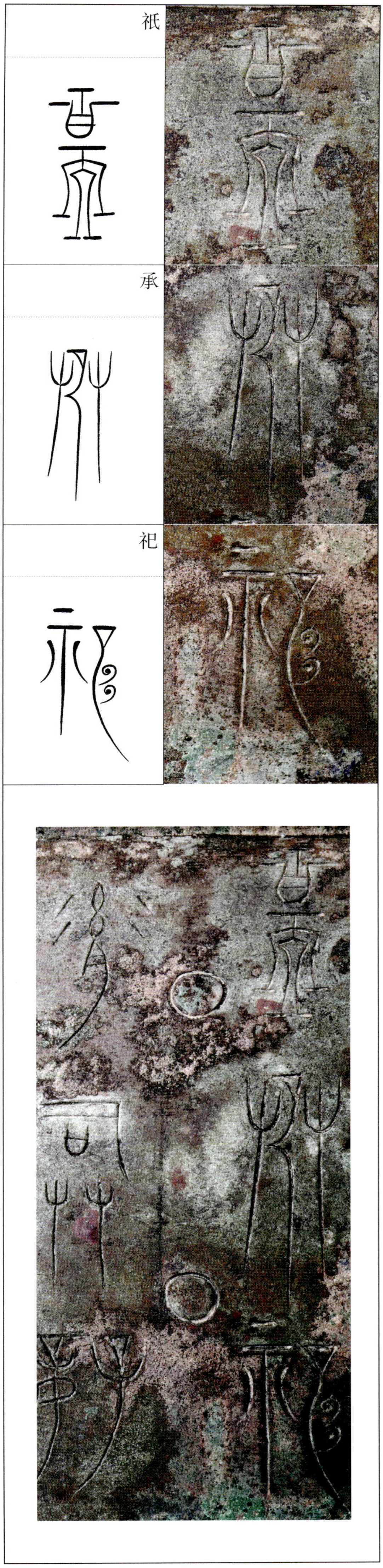

圆壶圈足铭文

十三茉（祀），左使車（庫），嗇夫孫固，工䢼。

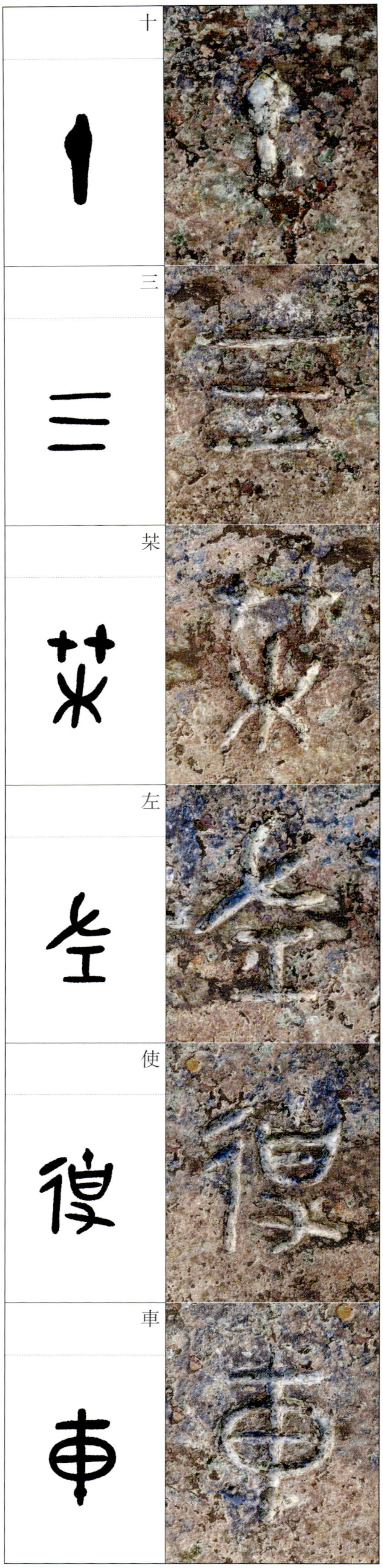

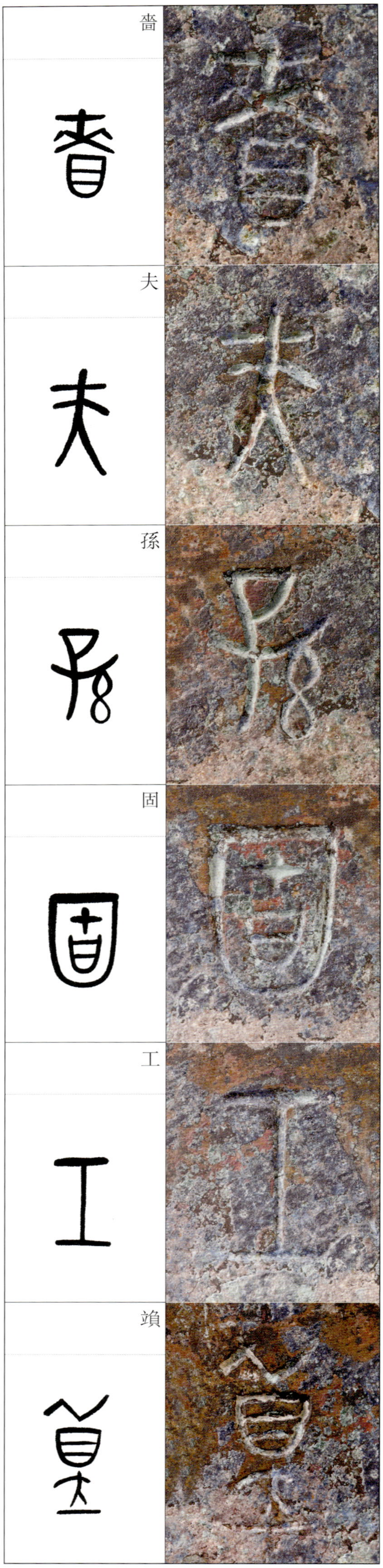

冢（重）一石三百三十九刀之冢（重）。

冢

一

石

三

百

卅=

九

刀

之冢=

战国中山三器铸铭刻铭之观察

战国中山三器铭文字形修长，典雅端庄。直线挺拔，曲线圆转流畅。自出土之日起，发掘者就认为那些文字是古人镌刻在青铜器上的。而让人难以理解的是，从铭文上并看不到凿刻的痕迹。于是，几十年来，人们在感叹古人高超刻字技艺的同时，更觉得古人神奇得超乎想象。

随着人们对战国中山文化了解得加深，对三器铭文的关注也逐年提高，很多人开始讨论这些铭文究竟是铸造还是镌刻的。

二〇一七年，借着圆壶外出展览点交文物的机会，我零距离观摩了铭文，在微距镜头下，发现有的铭文字口边缘有微微隆起，凹槽底部平缓圆滑，没有一丝刀痕。如果说是刻铭的话，这与常理不符。我咨询了从事铜雕工艺的朋友，他告诉我青铜器硬度高，发脆，在上面刻字字口边缘难以形成隆起，更不会没有凿刻痕迹，尤其是笔画转弯处圆润自如，看不到刀痕，这是十分异常的。后来，一位搞铸造的专家朋友说，铜水有收缩性，所以铸造的铭文才会出现看不到刻凿痕的现象。

今年，我用微距镜头将三器铭文逐字进行了拍摄，注意到方

上层为铸铭，三器上大都是这种铭文，下层是铸造出了问题后二次加工（补刻）的铭文（除上层最后一个是大鼎铭文，其余均为方壶铭文）。

图一

壶器身下半部一些铭文的异常。通过在电脑上对放大图片仔细观摩，发现那些铭文都有二次加工（补刻）的痕迹。有的是对整个铭文进行补刻，也有的是对铭文某一部分笔画进行补刻，有的笔画补刻的线条外面还留有铸的线条痕迹。补刻的线条和铸造的线条错位明显，且线条质量差（图一）。

方壶的「子」「⿰立長（长）」「僧」字，笔画被堵，填充物和器表一样平滑，应该是一起进行过打磨。又如圆鼎的「否」字，在灯光从侧面照射的情况下，上部「不」字的竖画中间有填充物将竖画断开（在拓片上可看到竖画是断的），而在正射光源下，可看到竖画上下是贯通的。我怀疑那些填充物可能是铸造残留物（图二）。

有意思的是，铭文中的圆点底部平缓，似用圆头的「硬笔」点成，而非镌刻。我在圆壶铭文上看到一个「悳（德）」字，竖画上同时有两个圆点，一个深一个浅。深的圆点位置很舒适，浅圆点离下面笔划太近，推测是古人在点圆点时，「硬笔」轻落了一下，发现位置不合适，于是往上挪，看准位置后，用力点出了这个深圆点。在方壶铭文中，看到两个补刻的圆点，一个是沿着圆点的外轮廓刻线，另外一个是在圆点里刻了一个小坑。由此看来，古人并没有削铜如泥的「神器」，在青铜上刻个圆点

图二

图三

图四

图五

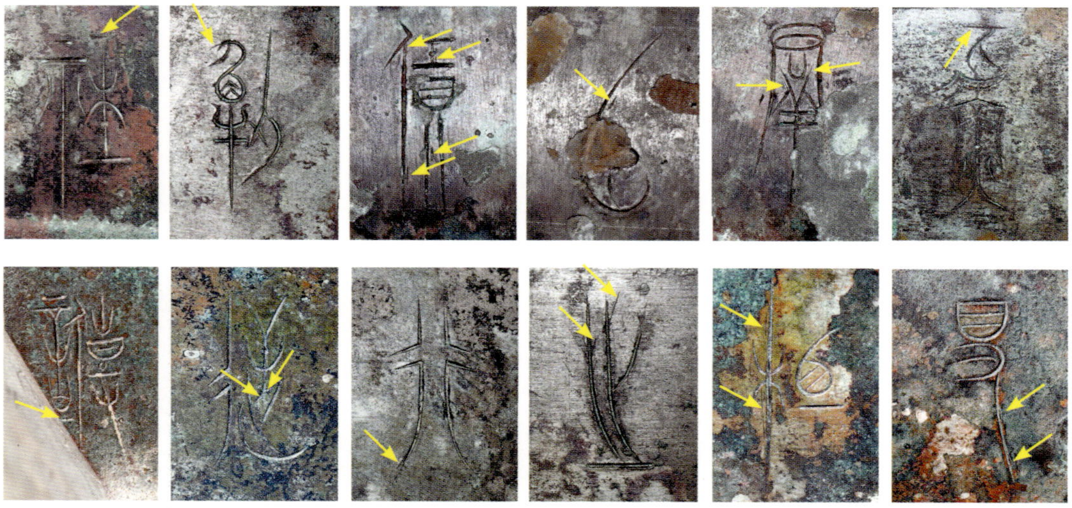

图六

图七

也并非易事（图三、图四）。

三器铭文中，「於」字出现的比较多，而左偏旁大都有一块脱落。原以为是上下两笔画底部相交所致，仔细观察才发现，在底部并没有相交，两笔画之间底部还有一个凹凸不平的平面，看来，脱落是因为材质结构不够坚密所致。「先」字最后一笔右侧有修改痕迹，似在模具上「书写」时出现失误，随手抹了一下，之后又重新书写。另外，古人在「写」这些铭文之前，曾用「硬笔」起稿，所以留下了一些痕迹。还有一些不是铭文笔画的线条或划痕，可能是古人手中「笔」不小心留下的，这些情况似乎可以说明，这些铭文是在比较软的泥模或蜡模上刻的（图五、图六）。

战国中山三器铭文单字高约二厘米，肉眼看上去，字形优美、线条流畅。但在电脑上放大十倍、二十倍后去观察，就会发现有的铭文某一笔画也并非一笔完成，有接笔，也有补笔，甚至有的一个笔画曾使用了粗细两种「笔」。有的笔与笔衔接很巧妙，非常自然，但也有一些显得生硬（图七）。

从以上情况分析，战国中山三器铭文从整体上是铸铭，只是对没有铸好的个别铭文进行过补刻。

国家社科基金重大项目「河北行唐故郡考古发掘资料整理与综合研究（二〇一五—二〇二〇）（编号20&ZD258）」资助。

编后记

二〇二〇年，我编撰出版了《战国中山三器铭文》，放大的铭文拓片与摹本、释文一一对照，临写起来非常方便，满足了部分书法爱好者的需要。同时一些书法爱好者希望我能编撰出版战国中山三器铭文照片的图书。

金石碑刻的传播主要依靠拓片。拓片的优点是能保证铭文不变形，但是如果某个铭文没有拓清楚，那么就会影响释读，使人们研究和临写极为不利。在摄影技术发达的今天，好的铭文照片可以和拓片相互补充，方便众人。

作为一名文博工作者和摄影爱好者，我责无旁贷。

去年和今年的春天，我曾数次进入河北省文物考古研究院文物库房拍摄圆鼎铭文；也曾利用河北博物院周一闭馆和文物外出展览点交的机会，拍摄方壶和圆壶铭文。

铭文的拍摄，因光源不同而呈现的效果也各异。我想把最美的铭文呈现给读者，但是拍摄也多有不便。千余字的铭文，要在三四天内拍摄完成（每天只能拍五六个小时），时间是极为紧张的，没办法去推敲如何将每一个字完美地呈现。

今将拍摄的三器铭文逐字挑选照片并摹写，同时，还补足了未收入《战国中山三器铭文》中的圆壶圈足上的铭文。在《战国中山三器铭文》的基础上，编成《战国中山三器铭文图像》一书，供广大金石研究者和书法爱好者使用。

感谢河北省文物考古研究院和河北博物院领导对我工作的大力支持，感谢同事们在我拍摄过程中给予的帮助。

更要感谢恩师张守中先生为本书题签、作序。我从弱冠之年便开始在先生的指导下工作和学习，我一点一滴的进步，多得益于先生的教诲。

在编撰过程中，夫人范玉兰女士协助我完成了铭文的临摹并完成了摹本扫描；助手张骞帮助我将铭文照片和摹本插入模板，并完成了部分图片的拼接和处理；好友刘宁在版面和图像的处理上给予指导。在此也一并致谢。

郝建文

二〇二一年十月于河北博物院